ベターホームの
かあさんの味
家族のために作りたい
季節の和食

美しい国土はかずかずの山の幸、海の幸を生み、先人の知恵はそれらのおいしい食べ方を創り出しました。そしてそれは祖母から母、母から娘へと受け継がれてきました。しかし、その伝統の味は急速な家庭像の変化の中で、いま失われようとしています。

これは、かなしいことです。長いあいだに日本の風土の中で育ったものには、それなりのよさがあり、なによりもそうしたものは、いつの時代にも、だれの心にもやすらぎと憩いを与えるものだからです。

ベターホームの『かあさんの味』（昭和45年発行）の前書きより。

ベターホーム協会が昭和45年に発行した60万部のベストセラー『かあさんの味』。青豆ごはんやふろふきだいこんなど四季の家庭の味を掲載。

ベターホームが伝える〝かあさんの味〟

戦後の日本の食生活は、カレーやハンバーグといった洋食化が急激に進みました。しかし、一方で「日本の伝統的な味をおろそかにしていないか」とベターホームは考え、昭和45年に、日本の家庭料理のレシピをまとめた『かあさんの味』を発行しました。

これは、大変なベストセラーとなり、以来、ベターホームでは常に伝統の味を大切にしながら、新しい味への挑戦も忘れずに、人々の豊かな食生活を応援してきました。

初版から45年、ベターホームは、これからも、日本の家庭の味を伝承するために、ふたたび、ここに新たな『かあさんの味』を発行することとなりました。

日本には、四季折々の食材と、行事や歳時などに食される、数多くの伝統の食べものがあります。それは各家庭の味であり、みなさんの心にきざまれた味でもあります。そこで、全国にいるベターホームの料理教室の先生たちに、記憶に残る味をたずね、だれもがなつかしいと思えるレシピを掲載しました。

ここに紹介した味と心が、次世代へとつながるのであれば、こんなにうれしいことはありません。

ベターホームの先生たちの
かあさんの味

ベターホームの
先生たちの記憶に残る
〝かあさんの味〟を
紹介します。

正月にはかかさず、おせち料理を手作りしています。娘が学校に提出した「わが家のおせち」の写真は、卒業後も学校の家庭科室に毎年飾られたそうです。

（柏教室　細谷玲子）

天ぷらは、家庭料理としてははずせません。わが家では、いつもたくさん揚げますが、さつまいもを揚げてバットにとり出すと、入れ替わり立ち替わり、家族がつまみ食いに来ます。

（名古屋教室　内山早苗）

まだ小さかった子どもたちが、「これがおいしい」と、切り干しだいこんの煮ものを、汁まできれいに食べてくれたのがきっかけで、和食をたくさん作るようになりました。

（梅田教室　峰地有紀子）

祖母は茶碗蒸しが得意で、90歳を過ぎても家族に作ってくれました。それを受け継いだ母も大変上手で、毎回おいしく蒸しあげていました。

（札幌教室　菅野三千代）

仕事でいつも忙しくしていた母。ふだんの料理は手軽なものでも、誕生日やお祝い、お彼岸には、必ず大きな蒸し器で、赤飯やおはぎを作ってくれました。

（仙台教室　塚本照美）

九州では筑前煮を「がめ煮」と呼び、盆や正月に母の実家に行くと、必ず食卓に並んでいました。天盛りに針しょうがをのせたがめ煮は、絶品でした。

（福岡教室　船越麻美）

ねぎが入った甘い卵焼きは、遠足のお弁当に必ず入っていました。母が入院したとき、父が持たせてくれた弁当を開けると、中には黒こげの卵焼き。父なりに一生懸命作ってくれたのでしょう。

（銀座教室　家原昌代）

家の巻きずしは、煮た高野どうふ、しいたけとかんぴょうの甘煮、三つ葉などが入ったもの。子どもの私は、母が巻く姿を飽きることなく、眺めていました。

（京都教室　田平洋子）

かあさんの味 目次

冬

覚えておきたいミニレシピ

知っておきたい、和食の基本

この本の表記について

計量の単位（ml＝cc）

大さじ1＝15ml
小さじ1＝5ml
小さじ1＝5ml

電子レンジ

加熱時間は500Wのめやす時間です。600Wなら加熱時間を0.8倍にして、ようすを見ながら加熱します。

フライパン

フッ素樹脂加工のフライパンを使用しています。

だし

特に表記のない場合は、けずりかつお（かつおぶし）でとっただしを使います。だしのとり方や種類はp.148〜151で紹介しています。市販のだしの素は表示どおりに使い、塩分が入っているものを使う場合は、塩分は控えめにします。

春のレシピ

3月〜5月

卵焼き

多くの人がかあさんの味としてあげる卵焼き。
甘めの卵焼きは、お弁当はもちろん、
朝食にひと切れあるだけで、ほっとできます。

卵焼きは、半熟のうちに手早く巻くのがコツ。卵液を流し入れたら、下側が固まり、表面は半熟のうちに、菜箸で手前に巻きます。

材料

（10×15cmの卵焼き器*で1本分／全量206kcal）

- 卵……2個
- Ⓐ
  - 砂糖……大さじ1**
  - みりん……小さじ1
  - 塩……少々
- サラダ油……少々

* フッ素樹脂加工のものを使用。

** 好みで加減しても。

作り方（調理時間10分）

1 卵はときほぐし、Ⓐを加えてよく混ぜる。

2 卵焼き器に油を温め、余分な油をペーパータオルでふきとる（a・側面も）。中火にして卵液を1/3量ほど入れ、平らに広げる。表面が半熟状になったら、手前に巻く（b）。

3 卵焼き器のあいたところに、ペーパータオルで薄く油を塗る。焼いた卵を向こう側にすべらせ、手前のあいたところにも油を薄く塗る。

4 卵液を残りの半量ほど入れ、3の卵を持ち上げ、卵の下にも卵液が流れるようにする（c）。半熟状になったら手前に巻く。

5 3と4をもう一度くり返す。皿にとり出し、あら熱がとれたら切り分ける。

家族のための具入り卵焼き

万能ねぎの小口切りや青のり、しらす干し、そぼろなどを卵液に混ぜると、いつもの卵焼きも目先が変わり、栄養価も多少アップします。とはいえ、うまく焼くコツは、欲ばって具を入れすぎないこと。めやすは、卵2個に万能ねぎなら2本（10g）。飽きないように味わいを変えたり、少しでも体によいものを具にしたり。具入りの卵焼きには、家族を思う工夫が詰まっています。

おにぎり

手作りのおにぎりは、大人になっても忘れられない味。
塩加減、にぎり方、具……。
にぎる人ならではの、個性あふれる温かさがあります。

a

b

c

d

1個分のごはんの量は、軽めに1膳分。手水と手塩を用意し、ごはんは形を整える程度にやさしくにぎります。

材料（1個分／175kcal）

温かいごはん ……………… 80～100g
塩（手塩）……………………………… 適量
梅干し（種を除く） 約1/2個（正味5g）
焼きのり ……………………………… 1/3枚

作り方（調理時間5分）

1 手はよく洗う。1個分のごはんを茶碗によそい、茶碗の中央に具をのせる（a・茶碗にとることで、少しさめてにぎりやすくなる）。茶碗を軽くゆすり、ごはんをまとめる。

2 両手を手水（手につける水）にサッとつけ、2、3本の指先に手塩（手につける塩）を軽くつけ（b）、両手のひら全体に広げる。

3 片手をくぼませて、茶碗からごはんをすべらすように手のひらにとる。具を中に少し押しこみ、両手でごはんを軽くまとめる（c）。

4 下の手の親指のつけ根のふくらみで側面を軽く押しながら厚みを作り、上の手で三角の角を作る（右ページ写真）。上の手の山形のところに三角の角があたるように、4、5回、おにぎりを手前にリズミカルに回しながらにぎる。

5 おにぎりを倒して、両手ではさんで厚みをそろえる（d・真ん中を平らにする程度に）。のりを巻く。

おにぎりの具

焼きざけは身をほぐして食べやすくし、たらこはいたまないように、よく焼くのがポイント。つくだ煮やツナなどは、汁気や油気をペーパータオルでおさえたり、具をけずりかつおと合わせたりするとよいでしょう。

弁当に入れるなら

食べるまでに時間があくときは、焼きのりがベタッとしてしまいます。おにぎりとは別に添えて、食べる直前に巻くとパリッと感が味わえます。

また、夏場ならラップを使ってにぎるとよいでしょう。茶碗にラップを敷き、ごはんと具をのせ、ラップでごはんを包んでからにぎります。塩は、にぎったあとに全体にふりかけます。

親子丼

安く・早く・おいしく。
家庭でも、ふわとろが
自慢の丼ができます。

a

b

c

(a) 肉にかたくり粉をもみこむと、やわらかい口当たりに。(b) 白身を切るようにときほぐします。

なぜ「親子」？「親子鍋」って？

とり肉（＝親）と卵（＝子）を使うことから「親子丼」。卵でとじる丼ものは和食ではよくみられ、1人分ずつを卵でとじる専用の鍋「親子鍋」があります。丼に移しやすく、カツ丼などにも使えます。

材料（2人分／1人分461kcal）

	とりむね肉*	80g
A	塩	少々
A	酒	小さじ1
A	かたくり粉	小さじ1
	たまねぎ	1/2個（100g）
B	だし	100mℓ
B	砂糖	小さじ1
B	みりん・酒・しょうゆ	各大さじ1
	卵	2個
	温かいごはん	300g
	三つ葉	2本

* とりもも肉だと、ジューシーな味わい。

作り方（調理時間15分）

1 たまねぎは5～6mm幅の薄切りにする。三つ葉は葉をつみ、茎は2cm長さに切る。とり肉はひと口大のそぎ切りにし、Aを順にもみこんで下味をつける（a）。卵はときほぐす（b）。

2 フライパンにBを合わせる。たまねぎ、肉を加えて中火にかける。ふたをして約5分煮る。

3 肉に火が通ったら、三つ葉の茎を加える。卵を菜箸にそわせながら、フライパンの中央から外側に向かって回し入れる（c）。卵が半熟状になったら火を止める。

4 丼にごはんを盛り、ごはんの上に、3を半量ずつ盛りつける。三つ葉の葉をのせる。

生のたけのこをゆでる

水煮のたけのこは、いつでも手に入りますが、生のたけのこが手に入るのは、春のわずかな期間です。

ゆで方は思いのほか、かんたんです。コツは、新鮮なものを早めにゆでること。たけのこは、時間がたつにつれて、かたくなり、えぐみが出てくるためです。

1 たけのこは、根元の粒々のあるところをけずりとり、根元のかたい部分を切り落とす。

2 身のない先の部分を斜めに切り落とす。身を傷つけないように、皮の部分に縦に1本、切りこみを入れる。

3 大きな鍋に入れ、かぶるくらいの米のとぎ汁（または水2ℓに米ぬか30gの割合）、赤とうがらし1本を入れる。落としぶたをして中火で30〜40分ゆでる。

4 竹串を刺して、すっと通るようになったら火を止め、ゆで汁につけたまま、完全にさます。

5 縦の切りこみに指を入れ、くるっと一度に皮をむく。よく洗う。穂先のやわらかい皮は、姫皮（左写真）と呼ばれ、食べられる。むかずに残す。

水につけた状態で保存し、毎日水をかえながら、冷蔵庫で約1週間保存できる。

たけのこごはん

たけのこをゆでたら、まず作りたい。

材料（4人分／1人分 306kcal）

- 米……米用カップ2（360mℓ・300g）
- ゆでたけのこ……150g
- 油揚げ……1枚（25g）
- だし（さます）……360mℓ
- A
  - 酒……大さじ1
  - 塩……小さじ1/3
  - しょうゆ……小さじ2
- 木の芽……少々

作り方（調理時間10分／米の浸水・炊飯時間は除く）

1 米はといで水気をきり、分量のだしと一緒に炊飯器に入れ、30分以上おく。

2 たけのこは穂先は3cm長さの薄切りに、残りは薄いいちょう切りにする。油揚げは熱湯をかけて油抜きをし、縦半分にして5mm幅に切る。

3 1にAを加えて混ぜ、2をのせて炊く。炊きあがったらさっくり混ぜる。茶碗に盛り、木の芽を手のひらでたたいて香りを出し、のせる。

姫皮の調理法

ゆでたけのこの穂先のやわらかい皮は、姫皮と呼ばれ、食べられます。せん切りなどにして、あえものや汁ものに使います。

姫皮の梅肉あえ

（2人分）

1 ゆでたけのこの姫皮20gはせん切りにする。梅干し1/2個（5g）は、種を除き、果肉を包丁でたたいてなめらかにする。

2 梅干しに酒小さじ1/4、みりん小さじ1、しょうゆ少々を混ぜ、姫皮をあえる。

肉と合わせて、ごはんによく合うおかずに。

たけのこととり手羽の煮もの

材料（２人分／１人分 159kcal）

- ゆでたけのこ……150g
- とり手羽中……200g
- Ⓐ
  - 塩……少々
  - 酒……小さじ１
- しいたけ……３個
- しょうが……小１かけ（５g）
- Ⓑ
  - 水……200mℓ
  - しょうゆ・みりん……各大さじ１

作り方（調理時間 30 分）

1 たけのこは３〜４cm大に切る。しいたけは軸をとり、半分のそぎ切りにする。しょうがは薄切りにする。

2 手羽中は骨にそって身のほうに切りこみを入れ、Ⓐをもみこむ。

3 鍋に手羽中としょうが、Ⓑを入れ、煮立ったらアクをとる。落としぶたをして、ふたをずらしてのせ、弱めの中火で約10分煮る。たけのことしいたけを加え、さらに約10分煮る。

たけのこのかか煮

使いやすいかつおぶしで。

材料（2人分／1人分61kcal）

ゆでたけのこ……………………200g
けずりかつお……　1パック（5g）
水………………………………200mℓ
しょうゆ・みりん
　……………………………各大さじ1

作り方（調理時間15分）

1 たけのこは、穂先は4cm長さのくし形に、残りは1cm厚さの半月切りにする。

2 鍋に材料全部を入れて火にかける。煮立ったら弱めの中火にして、ふたをし、煮汁がほとんどなくなるまで約10分煮る。

そぼろ弁当

お弁当で人気の高いメニューです。

材料（2人分／1人分510kcal）

- とりひき肉……160g
- A
  - 砂糖・酒……各大さじ1
  - しょうゆ・みりん……各大さじ1/2
  - しょうが汁……小さじ1/2
- 卵……2個
- B
  - 砂糖……大さじ1
  - 塩……少々
- さやえんどう……20g
- ごはん……300g

作り方（調理時間15分）

1 鍋にひき肉とAを入れ、混ぜる。中火にかけ、菜箸3、4本でかき混ぜながら、汁気がなくなるまでいり煮にする。

2 卵はときほぐし、Bを混ぜる。フライパンに入れ、中火で、菜箸3、4本でかき混ぜながら加熱する。卵が固まりかけたら弱火にし、ポロポロになるまでかき混ぜ続ける。

3 さやえんどうは筋をとり、ラップで包んで電子レンジで約20秒（500W）加熱する。3～4㎜幅の斜め薄切りにする。

4 弁当箱にごはんを盛り、1、2、3をのせる。

たいの潮《うしお》汁

あらからは、よいだしが出ます。

材料（2人分／1人分 90kcal）

たいのあら（ぶつ切り）	200g
塩	小さじ1
水	500mℓ
こんぶ	5cm
酒	大さじ1
Ⓐ うすくちしょうゆ	小さじ1/2
Ⓐ 塩	少々
木の芽	4枚

作り方（調理時間 25 分／こんぶをつける時間は除く）

1 鍋に分量の水とこんぶを入れて、30分以上おく。

2 たいは洗って塩小さじ1をふり、約10分おく。

3 別鍋に湯を沸かして、たいを入れ、表面の色が変わったら水にとる（a・湯通し）。さっと洗ってうろこや汚れを除く。

4 1の鍋に、たいと酒を加えて中火にかけ、沸騰直前にこんぶをとり出す。アクをとりながら、弱火で7～8分煮る（鍋のふたはしない）。Ⓐを加えて調味する。

5 椀によそう。木の芽を手のひらでたたいて香りを出し、のせる。

油で炒めてから煮るのがコツ。

切り干しだいこんの煮もの

材料（２人分／１人分 117kcal）

切り干しだいこん	30g
水	250mℓ
しいたけ	２個
油揚げ	１枚（25g）
サラダ油	小さじ１
砂糖	小さじ１
しょうゆ	小さじ２

作り方（調理時間 30分）

1 切り干しだいこんはさっと洗い、分量の水に約10分つけてもどす。水気を軽くしぼり（もどし汁はとりおく）、４～５cm長さに切る。

2 しいたけは軸をとり、薄切りにする。油揚げは熱湯をかけて油抜きをし、縦半分に切ってから、５mm幅に切る。

3 鍋に油を温め、切り干しだいこんとしいたけを中火で炒める。全体に油がまわったら、油揚げ、だいこんのもどし汁、砂糖を加えて混ぜる。ふたをして、弱火で約５分煮る。しょうゆを加え、煮汁がほとんどなくなるまで、さらに約10分煮る。

● 保存期間：冷蔵３～４日

卵《う》の花いり

手ごろな材料で作れて栄養たっぷり。

材料（４人分／１人分 111kcal）

おから（卵の花）*……150g
干ししいたけ……２個（6g）
　水……50mℓ
にんじん……40g
ごぼう……30g
ごま油……大さじ１

Ⓐ
　だし……300mℓ
　砂糖……大さじ１
　みりん……大さじ２
　干ししいたけのもどし汁……大さじ２
　塩……小さじ1/4
　しょうゆ……小さじ２

*保存期間：冷凍で約３週間。

作り方（調理時間20分／しいたけをもどす時間は除く）

1 干ししいたけは分量の水に30分以上つけてもどす（もどし汁大さじ２はとりおく）。軸をとり、薄切りにする。

2 にんじんは2cm長さの細切りにする。ごぼうは皮をこそげてささがきにし、水にさらして水気をきる。

3 鍋にごま油を温め、しいたけ、2を入れて中火で炒める。全体に油がまわったら、Ⓐを加えて強火にする。煮立ったら中火にし、ふたをして約３分煮る。おからを加え、煮汁がなくなるまで炒め煮にする。

● 保存期間：冷蔵２～３日

ふきの煮もの

ほろにがさと歯ざわりが春を感じさせます。

材料（2人分／1人分23kcal）

ふき（生・茎のみ）…………200g
　塩…………………………小さじ1
Ⓐ だし……………………150mℓ
　しょうゆ・みりん・酒
　……………………各小さじ2

a

ふきの皮は、茎の先端の皮をぐるりと一周むき、まとめて引くと一気にとれる。

作り方（調理時間30分）

1 ふきを鍋に入る長さに切る。まな板にふきを並べて塩をふり、手のひらでまとめてころがしながら塩をまぶしつける（板ずり）。鍋にたっぷりの湯を沸かし、ふきを塩つきのまま入れ、2～3分ゆでて水にとる。

2 皮をむき（a）、4～5cm長さに切る。

3 鍋にⒶを合わせ、ふきを入れる。ふたをして中火で15～20分、煮汁が少し残るくらいまで煮る。鍋の中でそのままさまし、味を含ませる。

● 保存期間：冷蔵2～3日

あおやぎとわけぎのぬた

「ぬた」とは酢みそあえのこと。
甘くとろりとした味わいです。

材料（2人分／1人分46kcal）

あおやぎ（刺身用）*……正味30g
　酢……大さじ1/2
わけぎ**……1/2束（75g）
Ⓐ
　砂糖……大さじ1/2
　みそ……大さじ1
　酢……大さじ1/2
　練りがらし……小さじ1/4〜1/2

* 春が旬の貝。刺身のいか、たこ、まぐろでも。
** 万能ねぎでも。香りの強いものが合う。

作り方（調理時間10分）

1 わけぎは根元を切り落とし、熱湯でさっとゆでる（1分弱）。ざるに広げてさまし、3cm長さに切る。

2 あおやぎは酢をかける。

3 ボールにⒶを混ぜ合わせる。食べる直前に、1と2をあえる。

家族のごちそう

ひな祭り

女性の健康と幸せを願うお祭りは、
いくつになっても楽しみたいものです。
手間ひまかけたちらしずしは、
みんなが絶賛するおいしさです。

献立

1. ちらしずし
2. はまぐりの吸いもの
3. 菜の花のからしあえ

ひな祭り

3月3日に行われる、女性の健やかな成長と幸福を願う行事。正確には「上巳《じょうし》の節句」といい、室町時代に中国から伝わった五節句（人日《じんじつ》・上巳・端午《たんご》・七夕・重陽《ちょうよう》）のひとつ。桃の季節であることから「桃の節句」とも呼ばれます。ひな人形を飾るようになったのは、江戸時代から。人形をその子の形代《かたしろ》（＝身代わり）と考え、災いがふりかからないように、という願いをこめて飾ります。

ひな祭りの献立①

ちらしずし

材料（4人分／1人分 440kcal）

すしめし

- 米……米用カップ2（360mℓ・300g）
- 水……360mℓ
- こんぶ……5cm
- 酒……大さじ1
- A
  - 砂糖……大さじ2
  - 酢……大さじ4
  - 塩……小さじ2/3
- いりごま（白）……大さじ1

具

- 干ししいたけ……4個（12g）
- にんじん……50g
- B
  - しいたけのもどし汁……100mℓ
  - 砂糖・しょうゆ・みりん……各大さじ1
- れんこん……80g
- C
  - 砂糖……大さじ1/2
  - 酢……大さじ1・1/2
  - 塩……少々
- えび（無頭・殻つき）……8尾（160g）
- D
  - 砂糖……大さじ1/3
  - 酢・水……各大さじ1
  - 塩……少々
- 卵……3個
- E
  - 砂糖……大さじ1
  - 塩……少々
- サラダ油……少々
- さやえんどう……10枚（20g）

a

b

c

(c) すしめしがベタッとしないように、具の汁気はしっかりきってから混ぜます。

前日の準備で、すし作りは、ぐっとラクに

ちらしずし作りは、当日にイチから始めるよりも、前日に具を準備しておくとラクになります。干ししいたけとにんじん、れんこん、えびは前日に作り、冷蔵庫へ。いり卵、さやえんどう、すしめしは当日に。ちらしずしは、ひな祭りだけではなく、お花見や運動会、誕生日会などのお祝いごとにも喜ばれます。

作り方

(調理時間50分／
米の浸水・炊飯・しいたけをもどす時間は除く)

1 すしめしを作る(作り方はp.35)。

2 干ししいたけは水300mℓ(材料外)に30分以上つけてもどす(もどし汁100mℓはとりおく)。軸をとり、薄切りにする。

3 にんじんは2cm長さ、4〜5mm幅のたんざく切りにする。

4 鍋にⒷ、干ししいたけ、にんじんを入れて火にかける。煮立ったらアクをとり、ふたをして中火で7〜8分煮る。ふたをとって汁気をとばし、さます。

5 れんこんは縦4〜6つ割りにして、2〜3mm厚さのいちょう切りにする。酢水(水200mℓ＋酢小さじ1の割合・材料外)にさらして、水気をきる。

6 別の小鍋にⒸとれんこんを入れる。中火で2〜3分いり煮にし、とり出す。

7 えびは背わたをとる(a)。別鍋にⒹとえびを入れ、中火にかける。煮立ったら裏返し、ふたをして弱火で2〜3分煮る。汁ごと器にとり出し、そのままさまして殻をむく。厚みを半分に切る。

8 卵はときほぐし、Ⓔを混ぜる。フライパンに油を温めて卵液を入れ、菜箸3、4本でかき混ぜながら、いり卵を作る(b)。

9 さやえんどうは筋をとる。ラップで包んで、電子レンジで約20秒(500W)加熱する。あら熱がとれたら、斜め半分に切る。

10 すしめしにごまを加えて混ぜる。しいたけ、にんじん、2/3量のれんこんを加えて混ぜる(c)。

11 器に10を盛り、いり卵、残りのれんこん、さやえんどう、えびを飾る。

ひな祭りの献立②

はまぐりの吸いもの

材料

（４人分／１人分 17kcal）

はまぐり……8個（240g）
水……700mℓ
こんぶ……10cm
Ⓐ 酒……大さじ１
Ⓐ 塩……小さじ 1/4
Ⓐ しょうゆ……小さじ 1/2
三つ葉……４本

貝の砂抜きは、塩水に2〜3時間つけおきます。「砂抜きずみ」として売られているものでも 30分ほどつけると安心。ふたをし、貝が呼吸ができるようにすき間を少しあけます。温度が低すぎると貝が呼吸できないので、冷蔵庫には入れません。

作り方

（調理時間５分／貝の砂抜き・こんぶをつける時間は除く）

1 はまぐりは塩分約３％の塩水（水200mℓ＋塩小さじ１の割合・材料外）を、貝が半分ひたる程度まで入れる。鍋のふたなどで暗くし、静かなところに置き、砂抜きをする（a）。

2 鍋に分量の水とこんぶを入れ、30分以上おく。

3 貝を洗い、２に入れて中火にかける。沸騰直前にこんぶをとり出し、菜の花のからしあえ（p.31）用のだし小さじ２をとり分ける。

4 貝の口があいたらⒶを入れ、ひと煮立ちしたら火を止める。

5 貝の身をはずし、１つの貝に身を２つずつ入れる（p.31右下）。椀に入れ、三つ葉*を飾り、汁をはる。

* 三つ葉は、「縁結び」の意味がある「結び三つ葉」にするとよい。菜箸をころがして茎を軽くつぶし、半分に折って結ぶ。

ひな祭りの献立 3

菜の花のからしあえ

材料（4人分／1人分 23kcal）

菜の花*………………… 1束（200g）

Ⓐ
- しょうゆ……………… 大さじ1
- 吸いもののこんぶだし（p.30）……………………… 小さじ2
- 練りがらし*………… 小さじ1

*子どもがにが手なら、ほうれんそうや小松菜などほかの青菜にかえて、練りがらしを省き、仕上げにけずりかつお少々をのせても。

作り方（調理時間10分）

1 菜の花は茎のかたい部分を1cmほど切り落とす。

2 たっぷりの熱湯で1〜2分ゆでる。1本とってみて、茎を指先でつまんでかたくなければ、水にとる。水の中で茎をそろえて束ね、水気をしぼる。3cm長さに切る。

3 ボールにⒶを合わせ、食べる直前に菜の花をあえる（a）。

a

菜の花などの青菜は、しょうゆであえてから時間をおくと、色が悪くなり、水っぽくなります。食べる直前にあえるのが、おいしく作るコツです。

ひな祭りの食べもの はまぐり

はまぐりの貝殻は、対になっている貝殻でなければぴったりと合いません。このことから、仲のよい夫婦を表し、「ただ一人の人と添い遂げる」願いがこめられています。

ひな祭りのはまぐりの吸いものには、ひと椀に貝殻1個と身2個を入れるのが習わしになっています。

家族のごちそう

端午の節句

祝日で、みんなが集まりやすい「こどもの日」。
素朴でかんたんなおすしで、
家族全員の健康をお祝いしましょう。

献立

1 かつおの手こねずし
2 若竹汁
3 さやいんげんのごまあえ

端午《たんご》の節句

5月5日に中国で菖蒲《しょうぶ》を門につるし、邪気払いをしたのが起源。日本では、菖蒲が「尚武」や「勝負」に通じるとされ、男の子の成長と一族の繁栄を願う行事に。菖蒲で作った兜《かぶと》を飾るなどし、江戸時代から、武者人形を飾ったり、鯉のぼりを立てたりするようになりました。現代では、子どもの幸せを願う「こどもの日」として制定されています。

かつおの手こねずし

端午の節句の献立 1

材料（4人分／1人分 398kcal）

すしめし

米	米用カップ2（360mℓ・300g）
水	360mℓ
こんぶ	5㎝
酒	大さじ1
A 酢	50mℓ
A みりん*	大さじ1・1/2
A 塩	小さじ2/3
しょうが	小1かけ（5g）
いりごま（白）	大さじ1

具

かつお（刺身用さく）	300g
B しょうゆ	大さじ2
B みりん	大さじ1
しその葉	10枚
みょうが	1個
きざみのり	適量

* p.28のちらしずしと異なり、生の魚介をのせるすしなので、すし酢の甘味にみりんを使用し、甘さをひかえめにしている。

すしおけ

すしおけを使うと、木肌が余分な水分をよく吸いとり、すしめしがべとつかず、パラリとし、おいしく仕上がります。なければ、大きめのボールで代用できます。すし酢を混ぜるときは、小さじ1/2ほどとりおき、ようすを見ながら加えます。

a

b

c

(**b**) すし酢は、しゃもじに受けながら、全体に一気に回しかけます。
(**c**) ごはん粒をつぶさないように混ぜます。

作り方（調理時間 30 分／米の浸水・炊飯時間は除く）

すしめしを作る

1 米はといで水気をきる。炊飯器に米と分量の水、こんぶを入れ、30分以上おく。酒を加えて炊く。

2 Ⓐを合わせ、すし酢を作る。

3 きれいなふきんを手酢*（材料外）でしめらせ、すしおけの内側をふき、しゃもじをしめらせておく（**a**・ごはん粒がつきにくくなる。ボールで作る場合は不要）。

* すしおけや手を湿らせる酢水のこと。酢と水を同量ずつ混ぜて100mℓほど用意する。

4 炊きあがったごはんはこんぶを除き、すしおけにあける。すし酢を全体にかけ、しゃもじで切るようにして手早く混ぜる（**c**）。人肌にさます。

手こねずしを作る

1 かつおは7～8㎜厚さに切る。Ⓑを合わせ、かつおを約20分つける。

2 しそはせん切りにし、水にさらして、水気をきる。みょうがは小口切りにする。しょうがは皮をこそげてせん切りにする。

3 すしめしにしょうがとごまを加えて混ぜ、器に盛る。

4 しそ、かつお（汁気をきる）、みょうがをのせ、のりを散らす（好みでかつおのつけ汁をかける）。

縁起のよい、初がつお

かつおの旬は春と秋。春～初夏にかけて、太平洋岸を北上するかつおが「初がつお」です。旬を迎えて初めてとれる魚介や野菜は「初物《はつもの》」と呼ばれ、生気がみなぎっており、食べると新たな生命力を得られて、縁起がよいとされています。また、「初がつおを食べると長生きできる」、「カツオ=勝つ男」という験担ぎともいわれています。

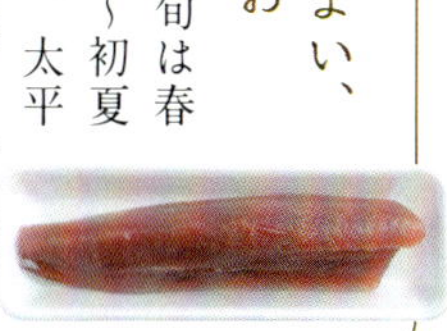

端午の節句の献立 ②

若竹汁

材料（4人分／1人分 10kcal）

- ゆでたけのこ（穂先）…… 4cm（50g）
- わかめ（塩蔵）…… 10g
- だし …… 600mℓ
- 塩 …… 小さじ1/3
- しょうゆ …… 小さじ1

作り方（調理時間 10分）

1. わかめは洗って塩を落とし、水に約5分つけてもどす。水気をしぼり、3cm長さに切る。
2. たけのこは縦半分に切り、縦に薄く切る。
3. 鍋にだしとたけのこを入れ、中火で1～2分煮る。わかめを加え、塩、しょうゆで調味する。ひと煮立ちしたら火を止める。

〝竹の子〟にこめた願い

たけのこは成長が早く、1日で1m以上育つこともあるほど。そのため、「竹の子のようにすくすくと成長するように」という願いにたとえられます。

若竹汁とは、わかめとたけのこの汁もののこと。この2つは、どちらも春が旬の組み合わせです。

端午の節句の食べもの 柏もち

柏もちは、江戸時代から食べられるようになりました。柏の葉は新芽が出てくるまでは古い葉が落ちないので、「子どもが生まれるまで親は死なない」「家が途絶えない」というたとえになります。

端午の節句の献立 ③

さやいんげんのごまあえ

材料（4人分／1人分41kcal）

さやいんげん……150g

Ⓐ
- すりごま（白）……大さじ3
- しょうゆ……大さじ1/2
- みりん……小さじ2

作り方（調理時間10分）

1 さやいんげんは、あれば筋をとり、へたは切り落とす。

2 たっぷりの熱湯に入れ、2〜3分、やわらかくなるまでゆでる。ざるにとり、広げてさます。3〜4cm長さに切る。

3 Ⓐを合わせ、いんげんをあえる。

すり鉢とすりこぎ

ごまあえや白あえのあえ衣を作ったり、とろろいもをすったりするのに使います。上のレシピでは、手軽なすりごまを使いましたが、同量のいりごまを小鍋でからいりして香りを出し、すり鉢ですると、ごまの香りが格段によくなります。

青菜のごまあえも作れます

上のレシピのさやいんげんを、小松菜やほうれんそうなどの青菜200gにかえても同様に作れます。青菜は根元から熱湯に入れてゆで、沸騰したら上下を返し、水にとります。水気をしぼり、3〜4cm長さに切って、Ⓐであえます。

覚えておきたい

浅漬け

季節の野菜でささっと一品。
浅漬けが加わると、
野菜不足を補え、
食卓の彩りが豊かになります。

キャベツの浅漬け

材料
（作りやすい分量／全量 33kcal）

キャベツ	150g
しょうが	1かけ（10g）
しその葉	5枚
塩	小さじ 1/3

作り方
（調理時間 10 分／漬ける時間は除く）

1 キャベツは3cm長さ、1cm幅に切り、軸は薄切りにする。しょうがは皮をこそげて細切りにする。しそは細切りにする。

2 ポリ袋に材料全部を入れ、軽くもんで空気を抜く。冷蔵庫で30分以上おく。食べるときは、水気をしぼる。

● 保存期間：冷蔵2日

きゅうりのしょうゆ漬け

材料
(作りやすい分量／全量 30kcal)

きゅうり……………………… 1本(100g)
赤とうがらし………………………1/2本
しょうゆ………………………… 大さじ1
酒………………………………… 大さじ1/2

作り方
(調理時間５分／漬ける時間は除く)

1 きゅうりは小さめの乱切りにする。赤とうがらしは種をとり、小口切りにする。

2 ポリ袋に材料全部を入れてしばらくおき、途中上下を返す。冷蔵庫で30分以上おく。

● 保存期間：冷蔵２日

なすの浅漬け

材料
(作りやすい分量／全量 33kcal)

なす………………………… 2個(140g)
みょうが……………………………… 2個
塩………………………………… 小さじ1/2

作り方
(調理時間 10分／漬ける時間は除く)

1 なすを縦半分にして、薄切りにする。水にさらして水気を切る。

2 みょうがは縦半分にして、せん切りにする。

3 ポリ袋に材料全部を入れ、軽くもんで空気を抜く。冷蔵庫で30分以上おく。水気をしぼる。

● 保存期間：冷蔵２日

だいこんのしょうゆ漬け

材料
（作りやすい分量／全量 37kcal）

だいこん……150g
　塩……小さじ1/4
こんぶ……2cm
Ⓐ しょうゆ……大さじ1/2
　 みりん……小さじ1

作り方
（調理時間 15分／漬ける時間は除く）

1 だいこんは3～4cm長さ、1cm角に切る。塩をふって約10分おく。こんぶは水でぬらして水気をふき、キッチンばさみで細切りにする。

2 だいこんの水気をしぼる。ポリ袋にⒶを合わせ、だいこんとこんぶを加える。時々もみながら、冷蔵庫で30分以上おく。

● 保存期間：冷蔵2日

はくさいの浅漬け

材料
（作りやすい分量／全量 22kcal）

はくさい……150g
ゆずの皮……1/4個分
塩……小さじ1/2

作り方
（調理時間 10分／漬ける時間は除く）

1 はくさいは3cm長さ、1cm幅に切る。ゆずの皮はせん切りにする。

2 ポリ袋に材料全部を入れ、軽くもんで空気を抜く。冷蔵庫で30分以上おく。食べるときは、水気をしぼる。

● 保存期間：冷蔵2日

夏のレシピ

6月〜8月

そうめん

家族の健康を思い、
栄養が偏らないよう、
昼のそうめんにも具をたっぷりつけて。

(a) 薄焼き卵を裏返すときは、菜箸1本を卵の下にさし渡して持ち上げると、返しやすい。
(b) そうめんは、もみ洗いをしてぬめりをとる。

材料（2人分／1人分 456kcal）

そうめん……150g

具
焼きあなご……80g
ハム……2枚(40g)
ミニトマト……2個
オクラ……2本
卵……1個
砂糖・塩……各少々
サラダ油……少々

めんつゆ
水……150mℓ
しょうゆ……大さじ2
みりん……大さじ1･1/2
けずりかつお……5g

薬味
万能ねぎ(小口切り)……1本
しょうが(すりおろす)……1かけ(10g)

作り方（調理時間 20 分／めんつゆを冷やす時間は除く）

1 鍋にめんつゆの材料を入れ、静かに煮立つ程度の弱火で3～4分煮る。こして、あら熱をとり、冷蔵庫で冷やしておく。

2 ミニトマトは横半分に切る。オクラは小口切りにする。あなご、ハムは細切りにし、皿に盛る。

3 卵はときほぐし、砂糖、塩を混ぜる。小さめのフライパンに油を温め、卵液を半量～1/3量ほど流し入れて広げる。表面が乾いてきたら、裏返す(a)。裏面もさっと焼き、ざるに広げてさます。残りも同様に焼く。薄焼き卵を重ね、縦半分に切ってから細切りにする。

4 たっぷりの熱湯で、そうめんを表示どおりにゆでる。水にとり、流水で手早くもみ洗いをする(b)。ひと口分ずつとり、水気をきりながら、指に巻きつけて整え(c)、皿に盛る。

5 めんつゆにめんと具、薬味を入れて食べる。

そうめんの盛りつけ

ひと口分ずつまとめて盛ると、食べやすく、上品な見た目になり、喜ばれます。氷や、あれば青もみじを添えると、涼しげになり、季節感が出ます。

天ぷら

家で食べる揚げたては格別。
好みの材料で楽しめます。

a

b

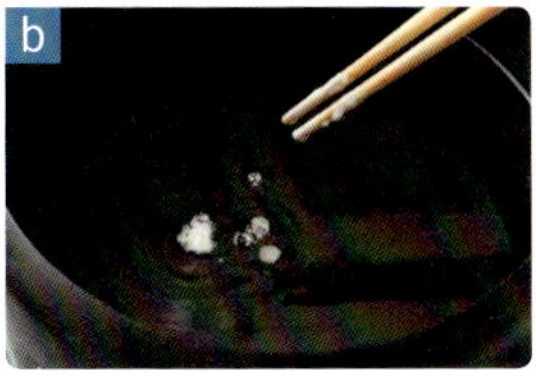

c

(b) 油の温度は、衣を落としてみるとわかります。170℃～180℃のめやすは、衣が途中まで沈んで浮き上がってくるくらい。

敷紙の折り方

敷紙は余分な油を吸い、また料理に趣を添えます。折るときは、左下の角が上に出るように、やや右にずらして半分に折ります。逆の傾きは仏事になります。

材料（2人分／1人分473kcal）

えび（無頭・殻つき） …… 4尾（80g）
いかの胴 …… 80g
かぼちゃ …… 80g
ししとうがらし …… 4本
なす …… 2個
揚げ油 …… 適量

衣*
天ぷら粉 …… カップ1/2（50g）
水 …… 90～100mℓ（約カップ1/2）

だいこんおろし …… 適量

天つゆ
だし …… 100mℓ
しょうゆ・みりん …… 各大さじ1

* 天ぷら粉がなくても作れる。〈卵1/2個＋冷水合わせて100mℓ、小麦粉カップ1/2（50g）〉をさっくりと混ぜて衣にする。

作り方（調理時間25分）

1 小鍋に天つゆの材料を合わせ、ひと煮立ちさせる。

2 かぼちゃは6～7㎜厚さに切る。ししとうは軸の先を切り落とし、縦に1本切りこみを入れる。なすはへたを落として縦半分に切り、へたのほうを2～3cm残し、縦に4、5本ずつ切りこみを入れる。

3 えびは殻をつけたまま洗い、背わたをとる。剣先を切り落とし、尾の先を斜めに切りそろえ、尾の中の水気を包丁の刃先でしごき出す（a）。尾のひと節を残して殻をむく。腹側に4、5か所浅く切りこみを入れ、背側に少しまげて身をのばす。

4 いかは皮や薄皮をとり、斜めの格子状に切り目を入れる。3×4cmの大きさに切る。

5 ボールに天ぷら粉と分量の水をさっくりと混ぜ（粉のかたまりが少し残るくらい）、衣を作る。

6 揚げ鍋に揚げ油を3cm深さほど入れ、170℃に熱する（b）。かぼちゃ、ししとう、なすの順に、それぞれ衣をつけて揚げる。カリッとしたらとり出し、立てかけて油をきる（c）。

7 油の温度を少し上げる（180℃）。えびは天ぷら粉少々（材料外）を薄くまぶし、尾を残して衣をつけ、揚げる。いかも天ぷら粉少々（材料外）を薄くまぶし、衣をつけて揚げる。

8 皿にあれば敷紙（左記）を敷き、天ぷらを盛る。天つゆとだいこんおろしを添える。

肉じゃが

献立に悩んだときは、これ。
季節を問わず、作れます。
肉は牛肉だったり、豚肉だったりと、
味わいは家庭の数だけあるはず。

(a)(b)肉を煮汁でほぐしてから加熱すると、だんご状になりません。じゃがいもが煮くずれしすぎないように、落としぶたをして煮ます。

材料（２人分／１人分 329kcal）

牛肩ロース肉*（薄切り）…… 100g
じゃがいも …… 小２個（250g）
たまねぎ …… 1/2個（100g）
にんじん …… 50g
さやいんげん …… 20g
しょうが …… 小１かけ（5g）
しらたき …… 100g
Ⓐ 水 …… 100mℓ
Ⓐ 砂糖・みりん・酒 …… 各大さじ１
Ⓐ しょうゆ …… 大さじ２

*切り落としでも。豚肉でも作れる。

作り方（調理時間 30 分）

1 じゃがいもはひと口大に切り、水にさらして水気をきる。たまねぎは２cm幅のくし形切りにする。にんじんは、じゃがいもよりも小さめの乱切りにする。しょうがは薄切りにする。

2 さやいんげんは、あれば筋をとり、へたを切り落とす。熱湯で色よくゆでてとり出し、３cm長さに切る。同じ湯でしらたきを１～２分ゆでて水気をきり、３～４cm長さに切る。

3 牛肉は５cm長さに切る。

4 鍋にⒶを合わせ、肉を加えてざっとほぐす（a）。強火にかけ、ほぐしながら加熱する。煮立ったら、アクをとる。

5 １としらたきを加える。落としぶたをして、鍋のふたをずらしてのせ（b）、中火で約15分煮る。

6 煮汁が鍋底に少し残るくらいになったら、いんげんを加え（c）、全体をそっと混ぜる。

煮ものの盛りつけ方

器の中央にこんもりと山高に、安定よく盛りましょう。彩りになるにんじんやいんげんはバランスよく。最後に煮汁をかけると、つやよくおいしそうに見えます。

とんカツ

勝負に「勝つ＝カツ」。試合や受験の前日のメニューだったというご家庭も多いのでは。

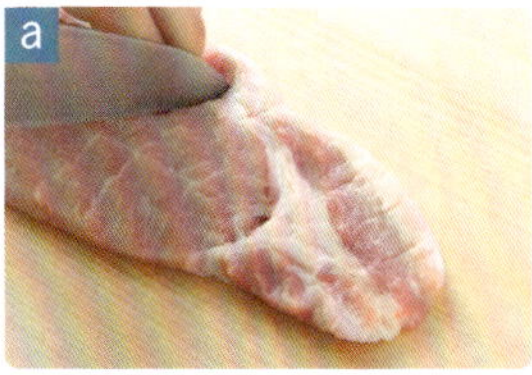

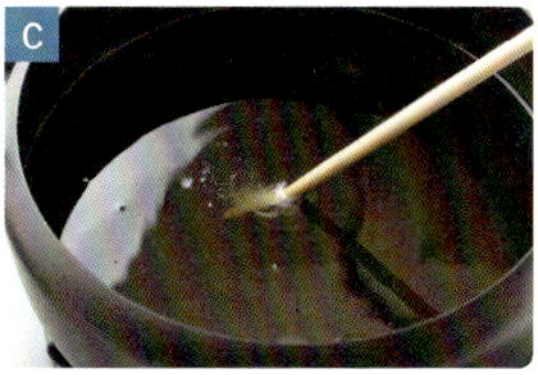

(b) 衣をつけるときは、右手で卵水、左手でパン粉と使い分けると、やりやすい。
(c) ぬらした菜箸をふいて入れると、油の温度がわかります。170℃のめやすは、箸から泡がフワフワと出るくらい。

材料（2人分／1人分 542kcal）

豚ロース肉（とんカツ用）……2枚（200g）
　塩……小さじ1/6
小麦粉……大さじ1
Ⓐ 卵……1/2個
Ⓐ 水……大さじ1/2
パン粉……カップ1/2（20g）
揚げ油……適量
ソース・練りがらし……各適量

つけあわせ
キャベツ……100g

作り方（調理時間 20 分）

1 キャベツはせん切りにする。水に約1分さらして水気をきる。

2 豚肉の赤身と脂身の境にある筋を、包丁の刃先で2cm間隔で切る（a・筋切り）。裏側も同様に切り、塩をふる。

3 Ⓐは合わせる。肉の両面に小麦粉→Ⓐ→パン粉の順に衣をつけ（b）、軽く押さえてなじませる。

4 揚げ鍋に揚げ油を3～4cm深さまで入れ、170℃に熱する（c）。

5 肉を入れ、1～2分揚げてよい色になったら裏返し、さらに2～3分かけてカラリと揚げる。

6 カツを表（太いほうが左にくる向き）を上にして、食べやすく切る（d）。カツとキャベツを皿に盛り、ソースをかけ、練りがらしを添える。

あじフライ

背開きが一般的ですが、
三枚おろしにすれば作りやすく、
子どももパクッと食べやすい。

(b)茶こしなら、まんべんなく小麦粉がつけられます。そのあと、手ではたいて余分な粉を落とします。

材料（2人分／1人分363kcal）

あじ（三枚おろし）	2尾分（約170g）
塩・こしょう	各少々
小麦粉	大さじ1/2
A 卵	1/2個
A 水	大さじ1
パン粉	カップ1/2(20g)
揚げ油	適量
レモン	1/8個
ウスターソース	適量

つけあわせ

キャベツ	100g
トマト	1/2個
きゅうり	1/2本

作り方（調理時間20分）

1 キャベツはせん切りにし、水に約1分さらして水気をきる。トマトは4等分のくし形切りに、きゅうりは斜め薄切りにする。レモンは半分に切る。

2 あじは小骨をとり(a)、塩、こしょうをふる。

3 Aは合わせる。あじの両面に小麦粉→A→パン粉の順に衣をつけ(b・c)、軽く押さえてなじませる。

4 揚げ鍋に揚げ油を3～4cm深さまで入れ、170℃に熱する。あじを1～2分揚げ、よい色になったら裏返し、さらに1～2分かけてカラリと揚げる。

5 皿に1とあじを盛る。ソースをかけ、レモンをしぼって食べる。

キャベツは冷水にさらしてパリッと

キャベツやレタスを冷水にさらすと、野菜の細胞に水が入りこむので、パリッとします。長くつけると水っぽくなるので、1分くらいがめやす。

豚肉のみそ漬け

漬けておけば、焼くだけでおかずに。

材料（2人分／1人分315kcal）

豚ロース肉（とんカツ用）
…………………………2枚（200g）

Ⓐ
みそ……………………大さじ2
みりん…………大さじ1·1/2

つけあわせ

たまねぎ……………1/4個（50g）
ピーマン…………………………2個
塩…………………………………少々
サラダ油………………小さじ1/2

作り方（調理時間15分／漬ける時間は除く）

1 豚肉は筋を2cm間隔で切る（p.49）。

2 Ⓐは混ぜる。ラップを広げて肉をのせ、両面にⒶを塗る。ラップで包み、冷蔵庫に1時間以上おく（ひと晩漬けておいても。3～4日そのまま保存できる）。

3 たまねぎは7～8mm幅に切る。ピーマンは細切りにする。

4 フライパンに油を中火で温め、3をたまねぎが透き通るまで炒める。塩をふって皿に盛る。

5 肉のみそをこそげとる。4のフライパンに入れ、弱火で約3分ずつ、焼き色がつくまで両面を焼く（こげやすいので注意）。食べやすく切り、皿に盛る。

豚肉のしょうが焼き

さっと作れて、ごはんがすすむ。家の定番おかずです。

材料（2人分／1人分310kcal）

豚ロース肉（しょうが焼き用）……160g

Ⓐ
- しょうゆ……大さじ1·1/2
- 酒……大さじ1
- しょうが汁……小さじ2

かたくり粉……大さじ1

サラダ油……大さじ1

つけあわせ

レタス……1·1/2枚（50g）

ミニトマト……4個

作り方（調理時間15分）

1 レタスは手でひと口大にちぎる。水に約1分さらして水気をきる。Ⓐはトレーなどに合わせる。

2 豚肉は半分に切る。Ⓐで下味をつけて5～6分おく。肉の汁気をきり（つけ汁はとりおく）、かたくり粉を両面にまぶす。

3 フライパンに油を温め、肉を重ならないように広げて入れる。中火で1～2分焼き、焼き色がついたら裏返す。裏面も色よく焼く。肉のつけ汁を加えて全体にからめ、火を止める。レタス、ミニトマトと一緒に皿に盛る。

うなぎの卵とじ

土用《どよう》の丑《うし》の日に。少量のうなぎでも、満足感あるおかずになります。

材料（２人分／１人分 260kcal）

うなぎのかば焼き …………… 100g
ごぼう ………………………………… 80g
万能ねぎ ………………… ２本（10g）
卵 ………………………………………… ２個
Ⓐ
かば焼きのたれ＋しょうゆ ………………… 大さじ 1･1/2
酒 ……………………… 大さじ 1
水 ………………………… 150mℓ

作り方（調理時間 20 分）

1 ごぼうは皮をこそげて３～４cm長さのささがきにし、水にさらして水気をきる。万能ねぎは３cm長さの斜め切りにする。

2 うなぎは２cm幅に切る。卵はときほぐす。

3 フライパンまたは鍋にⒶを合わせ、ごぼうを入れて火にかける。煮立ったらふたをして、弱めの中火で約10分煮る。うなぎを加え、１～２分煮る。

4 とき卵を回し入れ、卵が半熟になったら火を止める。万能ねぎを散らし、ふたをして少しむらす。器に盛り、好みで粉さんしょう少々（材料外）をふる。

ひじきの煮もの

ごはんによく合い、栄養たっぷり。
定番の常備菜です。

材料（2人分／1人分107kcal）

芽ひじき	15g
にんじん	50g
油揚げ	1枚（25g）
サラダ油	小さじ1
Ⓐ だし	150mℓ
Ⓐ 砂糖・しょうゆ・酒	各大さじ1

作り方（調理時間20分／ひじきをもどす時間は除く）

1 ひじきは水でさっと洗う。たっぷりの水に15～20分つけてもどす。水気をきる。

2 にんじんは3cm長さの細切りにする。油揚げは熱湯をかけて油抜きし、縦半分に切ってから5mm幅に切る。

3 鍋に油を温め、中火でひじきを1～2分炒める。2を加えてさっと炒める。全体に油がまわったら、Ⓐを加える。煮立ったら弱火にし、ふたをして約10分、汁気がほぼなくなるまで煮る（途中で1、2回混ぜる）。

● 保存期間：冷蔵3～4日

さめてもおいしいので
お弁当や常備菜に。

なすのみそ炒め（鍋しぎ）

材料（2人分／1人分 106kcal）

- なす……2個（140g）
- サラダ油……大さじ1/2
- ごま油……大さじ1/2
- Ⓐ
  - だし……30mℓ
  - 砂糖・みりん……各大さじ1/2
  - みそ……大さじ1

作り方（調理時間 10分）

1 なすの皮はしま目にむき（皮むき器でむいても）、1cm厚さの輪切りにする。

2 Ⓐを合わせ、よく混ぜる。

3 深めのフライパンにサラダ油を中火で温め、なすを入れる。時々返しながら、途中でごま油をたし、なすの両面を色よく焼く。

4 火を止めてⒶを加え、全体にからめる。

● 保存期間：冷蔵3日

なすのかか煮

けずりかつおをそのまま使った
田舎風の素朴なおかず。

材料（2人分／1人分 27kcal）

なす……………………… 2個（140g）

Ⓐ
- 水*……………………… 150mℓ
- しょうゆ………… 大さじ1/2
- みりん………………… 小さじ1
- 塩…………………………… 少々
- けずりかつお*
  ………… 1/2パック（約3g）

しょうが………… 小1かけ（5g）

*水とけずりかつおの代わりに、だし150mℓで作ると、上品な味わいに。

作り方（調理時間 15分／さます時間は除く）

1 なすはへたを切り落とし、縦半分に切る。皮側に斜めに5mm間隔で浅く切れ目を入れる。水に約5分さらして、水気をきる。

2 鍋にⒶを合わせてなすを入れる。落としぶたと鍋のふたをして火にかける。煮立ったら弱めの中火にし、7〜8分煮る。

3 落としぶたをとり、そのままさまして味を含ませる。

4 しょうがは皮をこそげてすりおろす。なすを器に盛り、煮汁をはる。しょうがをのせる。
※冷やして食べてもおいしい。

● 保存期間：冷蔵2日

高野どうふの含め煮

だしのうま味が、口の中にじゅわっと広がります。夏は冷やしても。

材料（2人分／1人分119kcal）

	高野どうふ	2個（35g）
	さやえんどう	6枚（15g）
A	だし	200mℓ
A	みりん	大さじ1
A	砂糖	小さじ1
A	塩	小さじ1/8
A	しょうゆ	小さじ1

作り方（調理時間20分／高野どうふをもどす時間は除く）

1 高野どうふは表示どおりにもどし、水気をしぼる。1個を4つに切る。

2 鍋にAを合わせ、火にかける。煮立ったら1を入れ、ふたをして弱めの中火で7～8分煮る。

3 さやえんどうは筋をとり、2に加える。煮汁が少し残るまで1～2分煮る（ふたはしない）。そのまましばらくおき、味を含ませる。

● 保存期間：冷蔵2日

きゅうりとしらすの酢のもの

すっぱいのがにが手な家族には、だし少々をたすと酸味がやわらぎます。

材料（2人分／1人分30kcal）

	きゅうり	1本(100g)
	塩	小さじ1/4
	しらす干し	15g
	わかめ(塩蔵)	10g
	しょうが	小1かけ(5g)
A	酢	大さじ1·1/2
A	砂糖	小さじ1
A	塩	少々

作り方（調理時間10分）

1 きゅうりは小口切りにし、塩小さじ1/4をふって軽く混ぜ、約5分おく。しんなりしたら水気をしぼる。しょうがは皮をこそげ、せん切りにする。

2 わかめは洗って塩を落とし、水に約5分つけてもどす。熱湯にさっと通して水にとり、水気をしぼる。3cm長さに切る。

3 しらすはざるに入れ、熱湯をかける。

4 ボールにAを合わせる。しょうが少々はとりおき、食べる直前に1、2、3をあえる。器に盛り、とりおいたしょうがをのせる。

家族のごちそう

夏休み

家族が帰省し、みんなが集まる夏休み（お盆）。
「手巻きずしパーティ」は、いかがでしょう？
すしめしと具材を準備すれば、あとはおまかせ。

献立

1. 手巻きずし
2. かきたま汁
3. フルーツぜんざい

お盆

先祖や亡くなった人々を祀《まつ》る行事やその期間のこと。現在は8月13日〜16日が一般的で、この期間は会社なども夏休みになり、家族や親戚が集まる機会が多いものです。お盆には精進料理（殺生してはならないという仏教の教えによる、野菜を中心に作られた料理）を食べる場合もあります。

夏休みの献立①

手巻きずし

材料（4人分／1人分615kcal）

すしめし

米……米用カップ2（360mℓ・300g）
水……360mℓ
こんぶ……5cm
酒……大さじ1
Ⓐ
砂糖……大さじ2
酢……大さじ3
塩……小さじ2/3

具

好みの刺身……適量
（写真は、まぐろのたたき100g＋万能ねぎ（小口切り）2本、甘えび50g、いくら50g、いか100g）
卵焼き（p.10）…1本（100g）
ツナ缶詰……小1缶（70g）
Ⓑ
マヨネーズ……大さじ2
こしょう……少々
納豆（ひきわり）2パック（90g）
万能ねぎ（小口切り）……2本
かいわれだいこん……1パック
きゅうり……1/2本
しその葉……10枚
焼きのり、練りわさび、甘酢しょうが、しょうゆ……各適量

作り方（調理時間20分／米の浸水・炊飯時間は除く）

1 すしめしを作る（p.35）。

2 まぐろのたたきと万能ねぎを混ぜる。卵焼きは細長く切る。ツナ（汁気をきる）にⒷをあえる。納豆は添付のたれ（またはしょうゆ）と万能ねぎを加えて混ぜる。

3 かいわれだいこんは根元を落とす。きゅうりは縦に6～8等分する。

4 具材を皿に盛る。のりは半分の長方形か4等分に切る（p.63上段）。

5 のりにすしめしと好みの具をのせ、それぞれ巻いて食べる。

手巻きずしの上手な巻き方

のりは長方形か、その半分の正方形に。ごはんの量は控えめにし、逆三角形にのせるのがうまく巻くコツです。

長方形ののり

片端（右ききの人は左端が巻きやすい）に、ごはんを逆三角形にのせ、具をのせる。のりの左側をかぶせ、右側をくるくると巻いていく。

正方形ののり

ごはんを対角線上にのせ、具をのせる。のりの左側をかぶせ、続いて右側をかぶせて巻く。

焼きのりをおいしく

のりには表と裏があり、つやのあるほうが表。少ししけていたら、のり2枚を中表に合わせ、直火に網をのせて両面をさっとあぶると、パリッとします。

焼きのりには縦・横があります

焼きのり（全形）は、縦（長辺）21cm×横（短辺）19cmが標準サイズ。実は、正方形ではありません。手巻きずし用にのりを長方形に半分に切るときは、長辺を半分に切るほうが多少巻きやすくなります。

いたみやすい具は冷蔵しておきます

刺身などのいたみやすい具は、食べる直前まで冷蔵しておきます。冷蔵が必要な具は、まとめて皿に盛るとよいでしょう。

また、人数が多いときは、具を盛り合わせた皿を複数作ると、とりやすくなります。

夏休みの献立❷

かきたま汁

材料（４人分／１人分 47kcal）

卵	２個
三つ葉	４本
だし	600mℓ
塩	小さじ１/３
しょうゆ	小さじ１/２
Ⓐ かたくり粉	小さじ１
Ⓐ 水	小さじ２

汁にかたくり粉を入れると、卵がふんわりして、口当たりよく仕上がります。卵を入れたら、ひと呼吸おきます。すぐに混ぜると、汁がにごって澄んだ汁になりません。

作り方（調理時間 10 分）

1 卵はときほぐす。三つ葉は葉と茎に分け、茎は２〜３cm長さに切る。Ⓐは合わせておく。

2 鍋にだしを入れて火にかけ、塩、しょうゆで味をととのえる。煮立ったら火を弱め、静かに沸騰しているところに、Ⓐの水溶きかたくり粉をひと混ぜして、加える。

3 再び沸騰したら、卵を菜箸にそわせながら糸状に細く流し入れる（a）。ひと呼吸おき、卵が浮かんできたらひと混ぜして火を止める。

4 三つ葉の茎を加え、味をみて、塩少々（材料外）で味をととのえる。椀に盛り、三つ葉の葉をのせる。

夏休みの献立③

フルーツぜんざい

材料（4人分／1人分80kcal）

ゆであずき……………………100g
キウイフルーツ*………………1個
白桃*……………………………100g
豆乳**（冷やしておく）………100mℓ

* フルーツはバナナやいちごなど好みのものや、缶詰でも。
** 調整・無調整は好みで。

作り方（調理時間5分）

1 キウイは皮をむき、1cm厚さのいちょう切りにする。桃は果肉を1.5cm角に切る。

2 器にゆであずきを盛り、1をのせて豆乳をかける。

おしぼりのひと工夫

手巻きずしのように、手で食べる料理があるときは、おしぼりを用意するとよいでしょう。ぬらしてしぼったおしぼりを、夏は冷蔵庫に入れて冷たくして、冬は電子レンジで加熱して温かくして出すと、喜ばれます。

覚えておきたい

酢のもの

主菜が甘からいおかずや
油っこいおかずのときに、
酢のものがあると、さっぱりし、
献立のバランスもよくなります。

かぶの甘酢あえ

材料（2人分／1人分 23kcal）

かぶ……小2個（150g）
かぶの葉……30g
塩……小さじ1/3
Ⓐ 砂糖大さじ1/2、酢大さじ1、赤とうがらし1/2本

作り方（調理時間 10分）

1 かぶは皮をむいて縦半分に切り、薄切りにする。葉は小口切りにする。実と葉を合わせて塩をふり、約5分おく。水気をしぼる。

2 赤とうがらしは種をとり、小口切りにする。

3 ボールにⒶを合わせ、1を加えてあえる。

キャベツのごま酢あえ

材料（2人分／1人分 65kcal）

キャベツ……120g
ちくわ……小1本（30g）
Ⓐ すりごま（白）大さじ2、砂糖小さじ1/4、酢小さじ2、しょうゆ小さじ1

作り方（調理時間 10分）

1 キャベツは熱湯でさっとゆでて、水気をきる。葉は3～4㎝長さ、1㎝幅に切る。軸は薄切りにする。

2 ちくわは5㎜幅に切る。

3 ボールにⒶを合わせ、1と2を加えてあえる。

秋のレシピ

9月～11月

炊きこみごはん

炊きこみごはんは、
家族みんながおかわりするほどの
人気メニューではないでしょうか。
土鍋で炊くと、
香ばしいおこげも楽しみです。

調味料の塩分は米の吸水を妨げるので、調味料はだしとは別にし、炊く直前に加えます。

材料（4人分／1人分 359kcal）

- 米……米用カップ2（360mℓ・300g）
- だし（さます*）……360mℓ
- とりもも肉……100g
  - 酒……大さじ1/2
- ごぼう……50g
- にんじん……30g
- しいたけ……2個（30g）
- 油揚げ……1枚（25g）
- A
  - しょうゆ・酒……各大さじ1
  - 塩……小さじ1/2

* アルミやステンレス製のボールに入れ、氷水にあてながらかき混ぜると、早くさめる。

作り方（調理時間45分／米の浸水時間は除く）

1 米はといで水気をしっかりきり、だしと一緒に土鍋に入れ、30分以上おく（a）。

2 ごぼうは皮をこそげて縦半分に切り、2㎜厚さの斜め切りにする。水にさらし、水気をきる。にんじんは2～3㎝長さ、3㎜幅の細切りにする。しいたけは軸をとり、薄切りにする。油揚げ（油抜きしない）は縦半分に切り、3㎜幅の細切りにする。

3 とり肉は1.5㎝角に切り、酒大さじ1/2をふって軽くもむ。

4 1の土鍋にAを加えて混ぜる。2と3をのせ（b）、表面を平らにならす。ふたをして、弱めの中火にかける（c）。10分ほどしてしっかり沸騰したら（ふたの穴から蒸気が勢いよく吹き出したら）弱火にし、さらに約10分炊く。

5 火を止め、そのまま約10分むらす。全体をさっくりと混ぜる。

※炊飯器でも作れます。作り方4のとおりに炊飯器にセットして、ふつうに炊きます。

残ったら、おにぎりに

炊きこみごはんが残ったら、おにぎりにしても。具だくさんの味つけごはんは、夜食や弁当（夏場はいたみやすいので避けます）に合います。

さんまの塩焼き

皮はパリッ、身はふっくら。
脂がのった、焼きたてのさんまは格別です。
シンプルながら、究極のおいしい食べ方は、
これからも伝えていきたいものです。

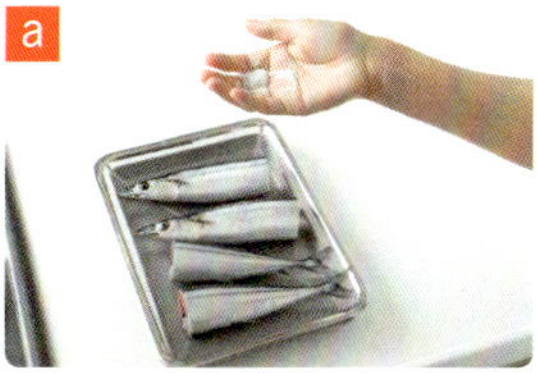

(b) 化粧塩をふると、焼きあがりに塩が立ち、おいしそうに見えます。また、ひれがこげるのを防ぎます。

材料（2人分／1人分 333kcal）

さんま ……………………………… 2尾（300g）
　塩 ………………………………… 小さじ1/2
だいこん …………………………… 80g
すだち ……………………………… 1個

作り方（調理時間20分）

1 さんまは水洗いし、長さを半分に切る（内臓はとっても、とらなくても。1尾をそのまま焼いてもよい）。

2 さんまをざるにのせ、塩を両面にふり（a）、約5分おく。

3 だいこんはすりおろしてざるにのせ、自然に水気をきる。すだちは横半分に切る。

4 ペーパータオルでさんまの水気をふく。グリルは予熱する。焼く直前に、尾びれ、背びれにも塩少々をまぶし（b）、全体に塩少々をふる（＝化粧塩・ともに材料外）。

5 （上火だけの片面焼きグリル*のとき）盛りつけたときに下になる側を上にして、強めの中火で、約5分焼く。よい焼き色がついたら裏返し、約4分焼く。

6 皿に、背を向こう、頭を左にして盛りつける。右前に3を添え、だいこんおろしにしょうゆ少々（材料外）をかける。

*両面焼きグリルで焼くなら、盛りつけたときに表になる側を上にして並べ、強めの中火で約8分焼きます。

焼き魚に添える、だいこんおろし

だいこんおろしはざるにのせて自然に水気をきり、山高に形を整えて、皿の右前に添えましょう。「前盛り」といい、主になる素材の見た目や味を引き立てます。

茶碗蒸し

子どものころは、
中からどんな具が出てくるか楽しみでした。
夏は冷やしてもおいしく、
食欲がないときにもおすすめ。

(c)茶碗を直接湯に入れて蒸す、「地獄蒸し」という方法です。蒸し器に比べて火のあたりが強いので、少しだけふたをずらしましょう。

蒸し器で作るとき

下段に湯をたっぷり沸かします。蒸気が立ったところに、茶碗を並べた上段をのせます。ふたをして強火で2〜3分蒸し、表面が白っぽくなったら、弱火にして12〜13分蒸します。

材料（4人分／1人分89kcal）

	卵	3個
	だし（少しさます）	500mℓ
A	塩	小さじ2/3
A	みりん	小さじ1
A	しょうゆ	小さじ1/2
	とりささみ	1本（50g）
B	酒	小さじ1
B	しょうゆ	小さじ1/2
	しいたけ	2個（30g）
	かまぼこ（1cm厚さ）	4切れ
	三つ葉	4本

作り方（調理時間25分）

1 だしにAを加えて混ぜる。

2 卵を割り、泡立てないようにほぐし、1を静かに加えて混ぜる。万能こし器などでこす(a)。

3 しいたけは軸をとり、4つのそぎ切りにする。三つ葉は茎と葉に分け、茎は2cm長さに切る。

4 ささみは筋をとり、ひと口大のそぎ切りにする。Bをふって軽くもむ。

5 しいたけ、かまぼこ、4、三つ葉の茎を茶碗に入れ、2を静かにそそぎ、スプーンで表面の泡をとる(b)。

6 底が広い鍋に茶碗を並べ、熱湯を茶碗の高さの半分まで入れる(c)。鍋のふたをずらしてのせ、強火で約2分蒸す。表面が白っぽくなったら、弱火にして約8分蒸す。竹串を刺してみて、穴の汁が澄んでいれば、蒸しあがり。三つ葉の葉をのせ、ふたをして約1分むらす。

おはぎ（ぼたもち）

春はぼたもち、秋はおはぎと
季節によって呼び名が変わる地域も。
お彼岸には、
必ず手作りするというご家庭もあるようです。
市販のあんなら、かんたんに作れるので、
ふだんのおやつにも。

a

b

c

ごはんのつぶし具合は、お好みで。粒が半分なくなるくらいがめやすです。あんは下側まできれいに包めていなくても、見えないので大丈夫。

おはぎのアレンジ

ごはんであんを包み、きな粉やすりごま(黒)をまぶしても。中に入れるあんはやや小さめの、1個30gくらいにします。

材料（12個分／1個分 189kcal）

もち米…米用カップ1・1/2(270mℓ・225g)
水……………………………………270mℓ
塩……………………………小さじ1/6
あずきあん*…………………………600g

*粒あんまたはこしあん、お好みで。手作りするなら、p.121左下参照。
市販のあんは、商品によってやわらかさが違うので、やわらかくて手につくようなら、厚手のペーパータオルに包んで水分をとる。かたいときは、水少々を加えて火にかけ、ほどよいかたさに練り直すとよい。

作り方（調理時間30分／米の浸水・炊飯時間は除く）

1 もち米はボールに入れて洗い、水気をきる。炊飯器に入れ、分量の水を加えて1時間以上おく。炊く直前に塩を加えて、ふつうに炊く。あんは12等分し、丸める。

2 ごはんが炊きあがったら、ボールに移す。めん棒やすりこぎに水をつけながら、熱いうちにつぶす(a)。

3 12等分し、手に水をつけながら、ざっと丸める。乾かないようにラップをかけておく。

4 ラップにあんをのせ、平たい円形にする。3をのせ(b)、ラップをしぼってあんでごはんを包み、形を整える(c)。ラップをそっとはずす。12個作る。

実は手軽に作れるスピードおかず。

切り身魚の煮つけ

材料（2人分／1人分213kcal）

白身魚*……………… 2切れ（200g）
ごぼう ………………………………30g
わかめ（塩蔵）……………………20g
しょうが……………… 小1かけ（5g）

A
水 ………………………………100mℓ
砂糖…………………… 大さじ1/2
酒 ………………………… 大さじ2
みりん・しょうゆ …. 各大さじ1

*ぎんだら、ぎんむつ、きんめだいなど。

a

魚は、煮汁を煮立てたところに入れると、煮くずれしにくく、うま味が逃げません。

作り方（調理時間20分）

1 わかめは洗って塩を落とし、水に約5分つけてもどす。水気をしぼり、3～4cm長さに切る。ごぼうは皮をこそげ、5cm長さの斜め薄切りにし、水にさらして水気をきる。しょうがは薄切りにする。

2 魚は皮に、横一文字の切り目を入れる。

3 鍋にAとしょうがを入れ、煮立てる。皮を上にして魚を入れ（a）、ごぼうも加える。

4 再び煮立ったらアクをとり、スプーンで魚に煮汁をかけてから、落としぶたをする。中火で約10分、時々魚に煮汁をかけながら煮る。落としぶたをとって火を強め、煮汁が少なくなるまで煮つめる。

5 器に魚とごぼう、しょうがを盛る。鍋の残った煮汁にわかめを入れ、さっと煮て魚に添える。

さばのみそ煮

脂ののったさばと、
とろりとしたみそが相性抜群。

材料（2人分／1人分 259kcal）

さば……2切れ（200g）
ねぎ……1/2本
しょうが……1かけ（10g）
A 酒……50mℓ
A 砂糖……大さじ1
A みりん……大さじ1
A しょうゆ……大さじ1/2
A 水……150mℓ
みそ……大さじ1強（20g）

初めからみそを入れると、味のしみこみが悪くなるので、あとから加えます。

作り方（調理時間 20分）

1 ねぎは3～4cm長さに切る。しょうがは薄切りにする。さばは皮に切り目を入れる。

2 鍋にAを入れて煮立てる。皮を上にしてさばを入れ、スプーンでさばに煮汁をかけながら、中火で2～3分煮る。アクが出てきたら、とる。

3 2の煮汁を少量とってみそを溶き、鍋に加える（a）。しょうがを加える。

4 スプーンでさばに煮汁をかける。落としぶたをして、中火で約5分煮て、ねぎを加えてさらに3～4分煮る（途中で1、2回煮汁をかけ、味をなじませる）。最後に、落としぶたをとって煮汁を煮つめる（煮汁が大さじ2くらい残るまで）。

さけの南蛮漬け

作りおきできるので、帰りが遅くなるときに役立ちます。

材料（2人分／1人分 211kcal）

- 生さけ……2切れ（200g）
- Ⓐ
  - 塩……少々
  - 酒……小さじ1/2
- かたくり粉……大さじ1
- たまねぎ……1/2個（100g）
- にんじん……30g
- サラダ油……小さじ1
- Ⓑ
  - 水……100mℓ
  - 砂糖・酢・酒……各大さじ1
  - しょうゆ……大さじ1·1/2
  - 赤とうがらし（小口切り）……1/2本

作り方（調理時間 15分）

1 さけは3つのそぎ切りにし、Ⓐをふって約5分おく。

2 たまねぎは薄切りに、にんじんは3～4cm長さの細切りにする。

3 鍋にⒷを合わせ、ひと煮立ちさせる。ボールにあけ、2をつける。

4 さけの汁気をペーパータオルでふき、両面にかたくり粉をまぶす。フライパンに油を温め、中火でさけの両面を2～3分ずつ、焼き色がつくまで焼く。とり出して、熱いうちに3につける。

※すぐに食べられます。20分ほどおくと味がよくなじんでおいしい。

● 保存期間：冷蔵で3日

秋野菜の吹き寄せ煮

木の葉が風で「吹き寄せ」られたような彩りを表した料理。しみじみおいしい。

材料（2＊人分／1人分44kcal）

長いも……120g
れんこん……80g
にんじん……50g
しめじ……1/2パック（50g）
水菜……40g

Ⓐ
だし……300mℓ
みりん……大さじ1
砂糖……小さじ1/2

Ⓑ
塩……小さじ1/4
しょうゆ……小さじ1

＊4人分なら、野菜は倍量にし、Ⓐは＜だし500ml、砂糖大さじ1/2、みりん大さじ2＞に、Ⓑは＜しょうゆ大さじ1/2、塩小さじ1/2＞にします。

作り方（調理時間25分）

1 長いもは1cm厚さの輪切りか半月切りにする。れんこんは1cm厚さの輪切りか半月切りにして水にさらし、水気をきる。にんじんは4〜5mm厚さに切り、あれば好みの抜き型で抜く（写真はもみじ、いちょう形）。

2 しめじは小房に分ける。水菜は熱湯でさっとゆでて水気をしぼり、3〜4cm長さに切る。

3 鍋にⒶを合わせる。1を加え、落としぶたと鍋のふたをして、中火で約10分煮る。

4 Ⓑとしめじを加え、弱火にしてさらに2〜3分煮る。火を止めて水菜をしぼった形のまま加え、そのままおいて味を含ませる。

栗ごはん

皮むきはひと苦労ですが、この季節だけの楽しみ。
もち米を加えて、もちっとした食感に。

材料（4人分／1人分325kcal）

- 栗（殻つき）……200g
- 米……米用カップ1・1/2（270mℓ・225g）
- もち米……米用カップ1/2（90mℓ・75g）
- 水……350mℓ
- A 酒……大さじ1
- A 塩……小さじ1/2

a

栗の鬼皮はかたいので、包丁でむくときは指を切らないように注意しましょう。

作り方（調理時間45分／米の浸水・炊飯時間は除く）

1 米ともち米は合わせてといで、水気をきり、分量の水と一緒に炊飯器に入れ、1時間以上おく。

2 栗は熱湯に約20分つけて、鬼皮をやわらかくする。底の部分を切り落として鬼皮をむき、渋皮もむく（a）。大きければ半分に切る。水に約10分さらしてアクを抜く。

3 1にAを加えてざっと混ぜ、栗をのせてふつうに炊く。

4 炊きあがったら、大きく混ぜる。

いもごはん

いも掘りの思い出がよみがえる、素朴な味です。

材料（4人分／1人分333kcal）

さつまいも	200g
米	米用カップ2（360mℓ・300g）
水	360mℓ
A 酒	大さじ1
A 塩	小さじ1/2
いりごま（黒）	小さじ1/2

作り方（調理時間15分／米の浸水・炊飯時間は除く）

1 米はといで水気をきり、分量の水と一緒に炊飯器に入れ、30分以上おく。

2 いもはよく洗い、皮がついたまま2cm角に切る。水に約10分つけてアクを抜き、水気をきる。

3 1にAを加えて混ぜ、さつまいもをのせてふつうに炊く。

4 炊きあがったら、いもをくずさないように大きく混ぜる。茶碗に盛り、ごまをふる。

五目豆

いろいろな食材が入っていて、味も栄養も◎。

材料（4人分／1人分 73kcal）

大豆水煮		100g
A	水	150mℓ
A	こんぶ	5cm
ごぼう		50g
にんじん		30g
さつま揚げ*		小1枚（50g）
B	砂糖	大さじ1
B	しょうゆ	大さじ1/2

* とりもも肉でもおいしい。

作り方（調理時間30分）

1 鍋にAを入れ約15分おく。こんぶがやわらかくなったら1cm角に切り、鍋に戻す。

2 ごぼうは皮をこそげて7～8mm角に切り、水にさらして水気をきる。にんじんも7～8mm角に切る。さつま揚げは1cm角に切る。

3 1の鍋に2、大豆、Bを加えて火にかける。煮立ったら中火にしてふたをし、やわらかくなるまで約10分煮る。煮汁が少し残るくらいで火を止め、そのままおいて味を含ませる。

● 保存期間：冷蔵3日

けんちん汁

野菜とだしのうま味がじんわり。
炒めてから煮るから、コクが出ます。

材料（2人分／1人分 92kcal）

- とうふ（もめん）……100g
- だいこん……50g
- にんじん……20g
- ごぼう……20g
- しいたけ……2個（30g）
- ごま油……大さじ1/2
- だし……300mℓ
- Ⓐ 酒……大さじ1
- Ⓐ しょうゆ……大さじ1/2
- Ⓐ 塩……小さじ1/8
- 七味とうがらし……少々

作り方（調理時間 25分）

1 とうふはトレーにのせ、皿2枚分くらいの重しをのせて1～2分おき、水気をきる。

2 だいこん、にんじんは2～3cm長さのたんざく切りにする。ごぼうは皮をこそげ、縦半分に切って斜め薄切りにし、水にさらして水気をきる。しいたけは石づきをとって、5mm厚さに切る。

3 鍋にごま油を温め、2を入れて強火で炒める。とうふをざっとくずして加え、全体に油がなじむまで炒めたら、だしを加える。煮立ったらアクをとり、ふたをして弱火で約10分煮る。

4 Ⓐを加える。椀に盛り、七味とうがらしをふる。

家族のごちそう

行楽弁当

戸外で食べるお弁当は、風景やイベントの楽しみと相まって、格別のおいしさがあるものです。

献立

1. いなりずし
2. とりのから揚げ
3. きんぴらごぼう

卵焼き（p.10）
こんにゃくの甘から煮（p.98）

行楽

秋の行楽の代表といえば、もみじ狩り。「狩り」というのは、もともとは貴族たちが鳥などの動物を狩る行事だったため。しだいに狩りよりも、もみじなどの草木や風景をめでるようになりました。

ちなみに春の行楽といえば、花見。桜の木に降りてきた神様に酒や食べものを供して、豊作祈願したのがその起源だそう。

行楽弁当の献立 1

いなりずし

材料（12個分／1個 128kcal）

すしめし

- 米……米用カップ1・1/2（270mℓ・225g）
- 水……270mℓ
- こんぶ……3cm
- 酒……大さじ1/2
- いりごま（白）……小さじ2
- A 砂糖……大さじ1・1/2
- A 酢……大さじ2・1/2
- A 塩……小さじ1/2

- 油揚げ*……6枚（150g）
- B だし……200mℓ
- B 砂糖……大さじ3
- B みりん・しょうゆ……各大さじ2・1/2
- 甘酢しょうが……適量

*厚みのある「手揚げ風」の油揚げは、袋に開きにくいので不向き。

油揚げはやぶれやすいので、やさしく扱いましょう。すしめしを12等分するときは、まずは4等分して、それぞれを3等分するとラク。

作り方（調理時間40分／米の浸水・炊飯時間は除く）

油揚げを煮る

（前日に煮ておいても。味がよくしみて、おいしくなります）

1 袋が開きやすいように、油揚げの上に菜箸を1本置き、中心→上、中心→下の順に、軽く押さえながらころがす（a）。残り5枚も同様にする。横半分に切って、袋状に開く。

2 鍋に湯を沸かし、油揚げを入れる。落としぶたをして、約3分ゆでて油抜きをする（味がよくしみるように）。ざるにとって広げ、水気をきる。

3 鍋にⒷを合わせて混ぜ、油揚げを1枚ずつ広げて入れる。落としぶたをして中火にかけ、汁気がほとんどなくなるまで12～13分煮る（b）。ざるに広げて、さます。

すしめしを作る

1 米はといで水気をきる。炊飯器に米と分量の水、こんぶを入れ、30分以上おく。酒を加えてふつうに炊く。

2 Ⓐを合わせ、すし酢を作る。

3 1はこんぶを除き、ごはんをすしおけやボールにあける。すし酢を全体にかけ、しゃもじで切るようにして手早く混ぜる。人肌にさます。ごまを指先でひねりながら加えて混ぜる。

すしめしを詰める

1 すしめしを12等分する。手に手酢（p.35·材料外）をつけて、俵形に軽くにぎる。

2 油揚げの口を、外側へ少し折り返し、すしめしを詰める（c）。折り返した部分を戻し、口を折り、全体の形を整える。12個作る。皿に盛り、甘酢しょうがを添える。

行楽弁当の献立②

とりのから揚げ

材料（4人分／1人分379kcal）

とりもも肉……………2枚(500g)

Ⓐ
- しょうゆ・酒……各大さじ1
- 塩……………………小さじ1/4
- しょうが汁…………小さじ1

卵……………………………1個

かたくり粉………………大さじ4

揚げ油………………………適量

a

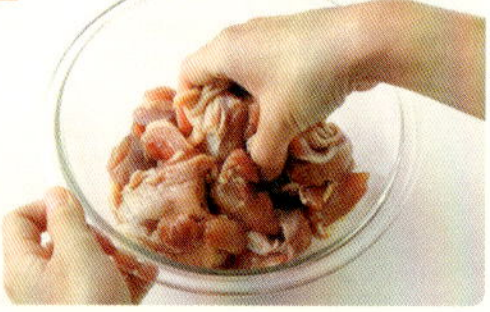

下味は、手でしっかりもみこむと、味がよくしみます。

作り方（調理時間25分／下味をつける時間は除く）

1 とり肉は4cm角に切る。ボールにⒶを合わせて肉を入れ、手でよくもみこむ(a)。冷蔵庫に入れ、20分以上おく（冷蔵庫にひと晩おくと、味がなじんでよりおいしい）。

2 卵はときほぐす。1に卵とかたくり粉を加えて混ぜる（汁気が多いときは、かたくり粉大さじ1/2～1（材料外）をようすをみながらたすとよい）。

3 揚げ油を170℃に熱する。肉の半量を入れて、5～6分揚げる。とり出す直前に強火にしてカラッと揚げ、とり出す。残りも同様に揚げる。

4 器に盛り、ゆでたブロッコリー、ミニトマト適量（材料外）を添える。

行楽弁当の献立 ③

きんぴらごぼう

材料（4人分／1人分 43kcal）

ごぼう……80g
にんじん……30g
赤とうがらし（小口切り）……小1/2本
ごま油……大さじ 1/2
A
　酒・水……各大さじ 1
　しょうゆ・みりん……各大さじ 1/2
　砂糖……小さじ 1
いりごま（白）……小さじ 1/2

a

調味料を加える前に、野菜を強火で炒めます。油の膜ができて煮汁がしみこみすぎず、適度に歯ごたえが残ってシャッキリ仕上がります。

作り方（調理時間 15 分）

1 ごぼうは皮をこそげる。5㎝長さ、2～3㎜厚さの斜め薄切りにしてから、せん切りにする。水にさらして、水気をきる。

2 にんじんは5㎝長さのせん切りにする。Aは合わせる。

3 鍋にごま油を温め、ごぼうとにんじんを強火で1～2分炒める（a）。しんなりしたら、Aを加え、強火のまま汁気がなくなるまで炒め煮にする。

4 赤とうがらしを加えてさっと炒め、火を止める。器に盛り、ごまを指先でひねりながらふる。

※写真はこんにゃくの甘から煮（p.98）を添えています。

家族のごちそう

敬老の日

お祝いごとに欠かせない赤飯を囲み、祖父母の健康と幸せを祝って、わいわいと。ご長寿の秘訣《けつ》を聞いてみましょう。

献立

1. たいの姿焼き
2. 赤飯
3. いちじく寒天

茶碗蒸し（p.72）

秋野菜の吹き寄せ煮（p.79）

敬老の日

敬老の日は、社会のために尽くしてきた老人を敬愛し、長寿を祝う日。元気な高齢の方でも、若い世代からお祝いしてもらうのは、だれしもうれしいものです。

お祝いするときは、好物を並べて食卓を囲んだり、プレゼントを贈ったりして、感謝の気持ちも伝えましょう。

敬老の日の献立 1

たいの姿焼き

材 料（4人分／1人分 205kcal）

たい（うろこや内臓をとったもの）*	1尾（450～500g）
塩（たいの重量の2～3%）	小さじ1・1/2
塩（化粧塩用）	適量
つけあわせ	
栗	4～6個
ぎんなん（水煮）	12個
アルミホイル	約30cm長さ

*魚店に頼むとよい。

つけあわせで季節感を

今回は秋のお祝いなので、つけあわせには栗とぎんなんを一緒に焼いて添えました。春なら、ゆでた菜の花や山菜、たけのこ、冬はゆずなどのかんきつ類を添えて、季節感を出すとよいでしょう。

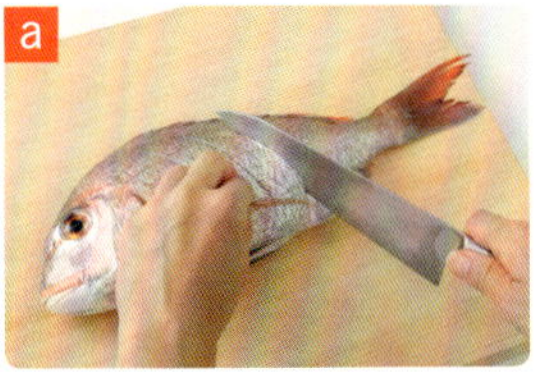

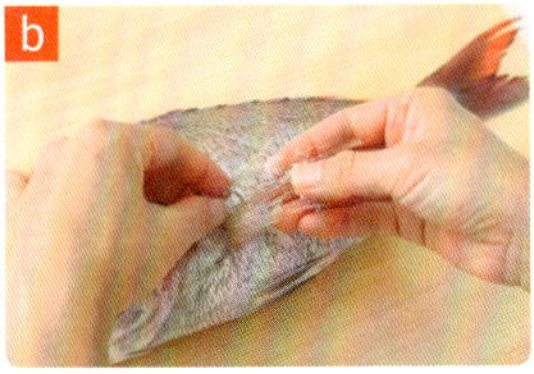

オーブン皿にクッキングシートかアルミホイルを敷くと、あと片づけがラクになります。

作り方（調理時間 70 分）

1 たいの下ごしらえをする。両面に切り目を3～4か所入れ（a）、ざるにのせて塩小さじ1・1/2をふり、約20分おく。

2 鍋に栗と、かぶるくらいの水を入れ、約30分ゆでる。鬼皮に横に切り目を入れる。ぎんなんは、3個ずつ竹串に刺す。

3 オーブンは250℃（ガスは230～240℃）に予熱しておく。

4 たいの水気をふき、ひれに化粧塩をつける（b）。

5 オーブン皿にクッキングシート（アルミホイルでも可）を敷き、網をのせる。たいの表を上にしてのせ、ひれの部分はこげないようにアルミホイルをかぶせる（c）。アルミホイルの四辺をざっと折って小皿を作り、ぎんなんと栗をのせてホイルをかぶせる（c）。250℃のオーブンで約10分焼く。ぎんなんと栗をとり出し、さらに約25分焼く。

たいは、「めでたい」魚

昔からお祝いの席には、尾頭つきのたいが供されてきました。「めでたい」の「たい」が「鯛」に通じることは有名ですが、日本人にとって、めでたい色とされる赤色が美しく、また、いたみにくいことから、縁起のよい魚とされてきたようです。

敬老の日の献立 ②

赤飯

材料（4人分／1人分295kcal）

もち米……米用カップ2（360mℓ・300g）
ささげ*……30g
ささげのゆで汁＋水……220mℓ
A いりごま（黒）……小さじ1
A 塩……小さじ1/3
南天の葉（飾り用・あれば）**……1枝

* あずきでも同様に作れるが、あずきは皮がやわらかく、煮炊きすると真ん中から割れがち。これが縁起が悪いということで避ける場合もある。
** 「難（南）を転（天）じる」ということで縁起をかつぐ意味がある。

作り方（調理時間50分／米の浸水時間は除く）

1 もち米は洗い、たっぷりの水に1時間以上つけ、しっかり水気をきる。

2 鍋にささげとたっぷりの水を入れ、沸騰したら弱火にして2〜3分ゆで、ざるにとる（渋きり）。

3 ささげを鍋に戻し、水400mℓ（材料外）で弱火で20〜30分、ややかためにゆでる。ささげとゆで汁に分け、ゆで汁に水をたし、220mℓにする。

4 大きめの耐熱ボール（直径約23㎝、容量約2.5ℓ）にもち米を入れ、3の汁を加えて、ラップをふんわりとかける。電子レンジで約8分（500W）加熱する。全体を混ぜ（やけどに注意）、さらに約4分加熱する。もう一度混ぜ、ささげを加えて、さらに3〜4分加熱する。ラップをしたまま1分ほどむらし、全体をさっくりと混ぜる。器に盛る。

5 A（ごま塩）を合わせ、赤飯にふる。南天の葉を飾る。

※炊飯器でも作れます。作り方4で、炊飯器にもち米とささげ、3の汁を加え、ふつうに炊きます。

敬老の日の献立③

いちじく寒天

材料（約350mℓの容器１個分／全量38kcal）

いちじく	１個（60g）
水	300mℓ
粉寒天	2g
砂糖	30g
しょうが汁	大さじ１
レモン汁	大さじ1/2

ほかのフルーツでも作れます

たとえば春はいちご、夏はぶどうや桃など、ほかのフルーツでも同様に作れます。おもてなしには、旬のものを使って、季節感を出しましょう。また、缶詰を使うと、いつでも手軽に作れます。

作り方

（調理時間10分／冷やし固める時間は除く）

1 いちじくは皮をむいて縦半分に切り、5～6㎜厚さに切る。

2 鍋に分量の水と粉寒天を入れ、中火にかける。混ぜながら加熱し、沸騰したら火を弱める。軽く煮立った状態を保ち、約2分混ぜながら加熱する。砂糖を加えて、よく混ぜる。

3 火を止めて、しょうが汁とレモン汁を加えて混ぜる。

4 3を容器に流し入れ、いちじくを並べる。あら熱がとれたら、冷蔵庫で冷やし固める。食べやすく切る。

覚えておきたい

常備菜

時間があるときに作っておくと、
食卓にさっと出せて大助かり。
作り続けたい、
定番の味わいです。

かぼちゃの甘煮

材料（2人分／1人分 131 kcal）

かぼちゃ …………………… 1/4個（250g）

Ⓐ だし200mℓ、みりん大さじ1･1/2、しょうゆ小さじ1、塩少々

作り方（調理時間 20分）

1 かぼちゃは種とわたをとり、3～4cm角に切る。味のしみこみがよくなるように、皮をところどころむく。

2 鍋にⒶを合わせ、かぼちゃを皮を下にして入れる。落としぶたをして、鍋のふたをずらしてのせ、火にかける。煮立ったら中火で約10分、煮汁がほぼなくなるまで煮る。

● 保存期間：冷蔵3日

さといもの煮ころがし

材料（2人分／1人分110kcal）

さといも……300g
Ⓐ だし200mℓ、砂糖大さじ1、酒大さじ1·1/2、しょうゆ大さじ1、みりん大さじ1/2、塩小さじ1/8
ゆずの皮（すりおろし）……少々

作り方（調理時間30分）

1 さといもはよく洗って皮をむく。ひと口大に切る。
2 鍋にⒶを合わせ、さといもを入れる。落としぶたをのせ、鍋のふたをずらしてのせ、火にかける。煮立ったら弱火で約20分、煮汁がほぼなくなるまで煮る（途中で1、2回鍋をゆすって味をなじませる）。
3 器に盛り、ゆずの皮を散らす。

● 保存期間：冷蔵2～3日

れんこんのきんぴら

材料（2人分／1人分108kcal）

れんこん……200g
赤とうがらし……1/2本
ごま油……大さじ1/2
Ⓐ だし……大さじ2
Ⓐ 酒・みりん・しょうゆ各大さじ1

作り方（調理時間15分）

1 れんこんは2～3㎜厚さの半月切り、またはいちょう切りにする。赤とうがらしは種をとって小口切りにする。
2 Ⓐは合わせる。鍋にごま油を温め、れんこんを中火で1～2分炒める。油がまわったら、Ⓐを加え、汁気がなくなるまで炒め煮にする。赤とうがらしを加えてさっと炒め、火を止める。

● 保存期間：冷蔵2～3日

きんとき豆の甘煮

材料（2人分／1人分 185kcal）

- きんとき豆（水煮缶）……150g
- 水……150mℓ
- 砂糖……40g
- 塩……少々

作り方（調理時間30分／さます時間は除く）

1 鍋にきんとき豆、分量の水と半量の砂糖を入れ、中火にかける。煮立ったらふたをして、弱火で約10分煮る。

2 残りの砂糖を加え、さらに約10分煮る。塩を加えて約5分煮る。火を止め、そのままおいて味を含ませる。

● 保存期間：冷蔵3～4日

こんにゃくの甘から煮

材料（2人分／1人分 64kcal）

- こんにゃく……1枚（250g）
- ごま油……大さじ1/2
- Ⓐ しょうゆ……大さじ1・1/2
- Ⓐ 酒・みりん……各大さじ1
- 七味とうがらし……少々

作り方（調理時間10分）

1 こんにゃくは細かい切りこみを入れ、2㎝角に切る。熱湯で1～2分ゆでて水気をきる。Ⓐは合わせる。

2 鍋にごま油を温め、こんにゃくを中火で3～4分炒める。水分がとんだら、一度火を止めて、Ⓐを加える。強火で汁気がなくなるまで炒める。火を止め、七味とうがらしをふる。

● 保存期間：冷蔵2～3日

冬のレシピ

12月〜2月

寄せ鍋

家族で鍋を囲む光景は、
日本の冬ならでは。
かんたんで、野菜がたっぷり食べられて、
おもてなしにも使えます。
〆《しめ》のおじやも楽しみ。

(b) 肉・魚介類を先に入れてから、野菜を加えます。

材料（4人分／1人分280kcal）

白身魚（たい、生たらなど）
…… 2切れ（200g）
えび（無頭・殻つき）
…… 4尾（80g）

Ⓐ
- とりひき肉 …… 200g
- ねぎ（みじん切り） …… 5cm
- しょうが（みじん切り） …… 3g
- とき卵 …… 1/2個分
- 塩 …… 小さじ1/4
- こしょう …… 少々

はくさい* …… 200g
春菊* …… 1/2束（100g）
ねぎ …… 1本
にんじん …… 30g
しいたけ …… 4個（60g）

Ⓑ
- だし …… 1ℓ
- 酒 …… 大さじ2
- しょうゆ・みりん …… 各大さじ1
- 塩 …… 小さじ1/4

薬味
ゆずなどのかんきつ類（くし形切り）、七味とうがらし …… 適量

しめ（おじや）
ごはん …… 150g
とき卵 …… 1・1/2個分
万能ねぎ（小口切り） …… 1本

* おもてなしなら、「はくさいの青菜巻き」にしても。はくさいと春菊をさっとゆで、はくさいで春菊を手前からぎゅっと巻き、ひと口大に切る。

作り方（調理時間20分／煮る時間やしめは除く）

1 はくさい、春菊は3～4cm長さに切る。ねぎは大きめの斜め切りにする。にんじんは7～8mm厚さの輪切りにし、あれば好みの抜き型で抜く。しいたけは軸をとり、飾り切りをする（切りとったものは、みじん切りにして3に加える）。

2 魚はひと口大のそぎ切りにする。えびは尾のひと節を残して殻をむく。背わたをとる。

3 ボールにⒶを合わせ、ねばりが出るまでよく混ぜる（つくね）。

4 具材を彩りよく盛り合わせる（a）。

5 土鍋にⒷを合わせ、火にかける。煮立ったら、魚介類と、つくねをスプーンなどでひと口大に形作りながら入れる。アクをとる。野菜を加えて煮る（b）。

6 煮えたら器にとり、好みでかんきつ類をしぼったり、七味とうがらしをふったりして食べる。

しめのおじや
具を食べ終えたら、ごはんを鍋に加えて中火にかける。ごはんが煮汁を吸ってふっくらしたら、とき卵を回し入れ、万能ねぎを散らす（c）。

おでん

どの具から食べるか、
いつも楽しみ。
具によって、
煮こむ時間を変えるのが
おいしさのポイントです。

(c)はんぺんは、煮汁を吸いやすいので、食べる直前に入れます。具は、じゃがいもやちくわぶ、牛すじなど好みのものでも。

土鍋の扱い方のポイント

火にかけるときは、ひびや割れの原因になるので、鍋底(外側)がぬれていないことを確認します。急な温度変化に弱いので、火加減は徐々に強くします。

材料（2人分／1人分389kcal）

	こんぶ	15㎝
	水	1ℓ
A	しょうゆ・みりん	各大さじ1
A	塩	小さじ1/6
	だいこん	150g
	ゆで卵	2個
	こんにゃく	1/2枚(125g)
	切りもち(半分に切る)	1個(50g)
	油揚げ(手揚げ風は向かない)	1枚(25g)
	好みの練りもの	適量
	(写真は、焼きちくわ1本(75g)、つみれ4個、揚げボール4個、はんぺん1枚)	
	練りがらし	適量

作り方（調理時間100分）

1 土鍋や厚手の鍋に分量の水とこんぶを入れ、約10分つける。こんぶがやわらかくなったら、縦横それぞれ半分に切って結び、鍋に戻す(a)。

2 だいこんは3㎝厚さの半月切りにする。別鍋に入れ、だいこんがかぶるくらいの水を入れる。沸騰後、約10分ゆでる。ゆで卵は殻をむく。

3 こんにゃくに竹串をところどころ刺して穴をあける(味がしみる)。三角形に切り、熱湯でさっとゆでる。ちくわとはんぺんは斜め半分に切る。

4 油揚げと揚げボール(油で揚げた練りもの)は、熱湯をかけて油抜きをする(b)。油揚げは半分に切り、袋状に開く(p.87)。もちを油揚げに詰め、口をつまようじでとめる(もち巾着)。

5 1の鍋にAを入れ、もち巾着とはんぺん以外の具を加える。煮立ったら弱めの中火にし、ふたをずらしてのせ、約1時間煮る。もち巾着を加えて約10分煮て、食べる直前にはんぺんを加え(c)、汁をかけて温める。

6 器に盛り、好みでからしをつけて食べる。

筑前煮

翌日に温め直すと、
なおおいしく、
おかずやお弁当の定番です。
正月の煮ものとして、
煮しめの代わりにしても。

（d）煮汁の量が写真くらいになるまで、しっかり煮つめると、煮ものがこっくりと仕上がります。

材料（4人分／1人分196kcal）

とりもも肉	200g
酒	小さじ1
干ししいたけ	2個（6g）
ごぼう	100g
れんこん	100g
にんじん	80g
こんにゃく	1/2枚（100g）
さやえんどう	10枚
ごま油	大さじ1
Ⓐ だし＋しいたけのもどし汁	200mℓ
Ⓐ 砂糖・みりん	各大さじ1
Ⓐ 酒・しょうゆ	各大さじ2

作り方（調理時間40分／しいたけをもどす時間は除く）

1 干ししいたけは、水70mℓ（材料外）に30分以上つけてもどす（もどし汁はとりおく）。軸をとり、2〜4つに切る。

2 ごぼうは皮をこそげ、乱切りにする。れんこんも乱切りにする。それぞれ水にさらして、水気をきる。にんじんも乱切りにする。

3 さやえんどうは筋をとり、熱湯でさっとゆでて、とり出す。こんにゃくはスプーンでひと口大にちぎり、同じ湯でさっとゆでて水気をきる。

4 とり肉は3cm角に切り、酒小さじ1をもみこむ。

5 鍋にごま油を入れて温め、2、しいたけとこんにゃくを入れ、強火で炒める（a）。油が全体にまわったら、肉を加えてさらに炒める。

6 肉の色が変わったら、Ⓐを加える。煮立ったら、アクをとる（b）。落としぶたをして（c）、鍋のふたをずらしてのせ、弱めの中火で15〜20分煮る。

7 野菜が煮えたら、ふたをとって火を少し強める。鍋をゆすりながら、煮汁を飛ばす。煮汁がほとんどなくなり（d）、つやが出てきたら火を止める。器に盛り、さやえんどうを飾る。

ぶりだいこん

家族に人気の冬のおかず。
ぶりのうま味を
だいこんが吸っておいしく、
だいこんばかり食べてしまうほどです。

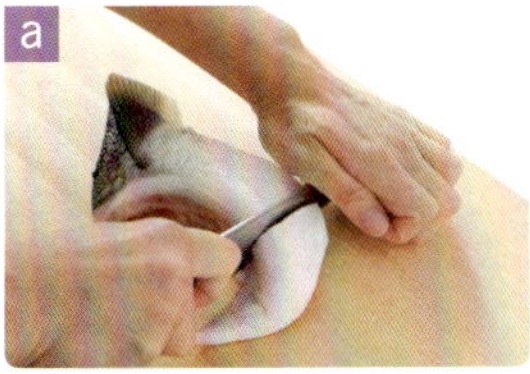

(a)ぶりのかまの部分はかたいので、包丁をしっかり固定し、刃元のほうで押し切ります(手を切らないように注意。店に頼んでも)。

材 料 (2〜3人分／2人分として1人分310kcal)

ぶりのあら* ……… 300g
だいこん ……… 1/4本(250g)
しょうが ……… 1かけ(10g)

Ⓐ
水 ……… 300mℓ
こんぶ ……… 5cm

Ⓑ
砂糖・みりん・しょうゆ ……… 各大さじ1・1/2
酒 ……… 50mℓ

* かまの部分だと、脂がのった身が多くついていておいしい。

作り方 (調理時間60分)

1 鍋にⒶを入れ、約10分つける。こんぶがやわらかくなったら、3cm角に切って鍋に戻す。

2 だいこんは2cm厚さの半月切りか輪切りにして厚めに皮をむく。しょうがは薄切りにする。

3 ぶりは3〜4cm角に切る(a)。別鍋にたっぷりの湯を沸かし、ぶりを入れて色が変わったら(b)ゆでこぼす。水にとり、うろこや汚れを洗い落とす。水気をきる。

4 1の鍋にだいこん、しょうが、ぶりを入れ、強火にかける。沸騰したらアクをとり、落としぶたをして鍋のふたをずらしてのせ、弱火で約30分煮る。

5 Ⓑを合わせる。だいこんに竹串を刺して、すっと通るくらいになったら(c)、Ⓑを加え(d)、弱火で約15分煮る。途中、上下をそっと返し、煮汁が鍋底に少し残るくらいで火を止める。

巻きずし

お祝いごとや運動会のお弁当に、
朝早くから作ってくれた
母の後ろ姿を思い出すという方も。
節分のときは恵方巻きとして
丸かぶりしても。

(b) 向こうの端のごはんをめがけるようにして巻く。
(c) 切るときは、1回ごとに手酢を含ませたふきんで包丁をふくとよい。

* すしめしは、太巻きと細巻きを合わせて、約660g分を用意する。下記の材料・分量で、p.35の1～4と同様に作る。

材料（約660g分）
米 … 米用カップ2（360mℓ・300g）
水 … 360mℓ
こんぶ … 5cm
酒 … 大さじ1
Ⓐ 砂糖 … 大さじ2
　酢 … 大さじ3
　塩 … 小さじ2/3

材料（太巻き・細巻き各2本分／太巻き1切れ153kcal・細巻き1切れ25kcal）

手酢（酢と水を同量混ぜたもの）……約100mℓ

太巻き
すしめし* ……約500g
かんぴょう ……10g
干ししいたけ … 3個（9g）
Ⓐ だし ……70mℓ
　砂糖・みりん・しょうゆ ……各大さじ1·1/2
卵焼き（p.10）……1本
きゅうり ……縦1/2本
焼きのり ……2枚

細巻き
すしめし* ……約160g
たくあん（19cm長さ）……10g
Ⓑ 梅干し（果肉）……5g
　けずりかつお ……少々
焼きのり（横半分に切る）……1枚

作り方（調理時間40分／米の浸水・炊飯時間、しいたけをもどす時間は除く）

1 **太巻き**　干ししいたけは水50mℓ（材料外）に30分以上つけてもどす（もどし汁大さじ2はとりおく）。軸をとり、5mm幅に切る。
かんぴょうは水でぬらし、塩小さじ1/2（材料外）をふってよくもみ（a）、水洗いする。たっぷりの水で、中火でやわらかくなるまでゆでる（爪で押してみて跡がつくくらい）。水気をきる。

2 鍋に1（もどし汁大さじ2も）、Ⓐを入れ、中火で煮汁がなくなるまで約10分煮る。

3 卵焼きは1.5cm角の棒状に切り、19cm分を2本とる。きゅうりは縦2等分にする。

4 巻きすにのりを表側を下にして縦長に置く。すしめし500gの1/2量をのりの向こう端を3cmほどあけて広げ、中央に具を並べる。具を押さえながら、巻く（b）。2本巻く。1本を8つに切る（c）。

5 **細巻き**　たくあんは1cm角の棒状に切る。Ⓑは混ぜ合わせる（梅かつお）。

6 巻きすに、のりを表側を下にして横長に置く。のりの向こう端を1.5cmほどあけて、すしめし160gの1/2量を広げる。たくあんをのせて巻く。もう1本は梅かつおをのせて巻く。1本を6つに切る。

7 皿に太巻きと細巻きを盛り、甘酢しょうが適量（材料外）を添える。

とり肉の照り焼き

さめてもおいしく、お弁当にも向いています。

材料（2人分／1人分 304kcal）

とりもも肉		1枚（250g）
Ⓐ	塩	小さじ1/8
	酒	大さじ1/2
ししとうがらし		6本
しいたけ		4個（60g）
Ⓑ	砂糖	大さじ1/2
	みりん・しょうゆ・酒	各大さじ1
サラダ油		小さじ1

作り方（調理時間 15分）

1 とり肉は皮を下にしてひと口大に切り、Ⓐで下味をつける。Ⓑは合わせる。

2 ししとうは軸を切りそろえ、しいたけは軸を除く。大きければ、斜め半分に切る。

3 フライパンに油を温めて、ししとうを入れ、さっと炒めてとり出す。

4 同じフライパンに、肉を皮を下にして入れ、中火で焼き色がつくまで焼く。裏返してふたをし、弱火で3～4分焼いて火を通す。火を止め、脂をペーパータオルでふきとる。Ⓑとしいたけを加えて中火にかけ、肉としいたけを返しながら、汁気がからむまで焼く。ししとうと一緒に皿に盛る。

ぶりの照り焼き

魚がにが手な子どもも、
照り焼きなら喜んで食べてくれます。

材料（2人分／1人分 301kcal）

ぶり	2切れ（200g）
塩	小さじ1/4
かぶ	小1個（80g）
塩	小さじ1/6
サラダ油	小さじ1
A みりん・しょうゆ・酒	各大さじ1

作り方（調理時間15分）

1 ぶりは塩小さじ1/4をふり、約5分おく。

2 かぶは縦半分に切り、薄切りにする。塩小さじ1/6をふってもみ、水気をしぼる。

3 フライパンに油を温め、ぶりの水気をペーパータオルでふき、表になるほうを下にして入れる。中火で約1分ずつ両面を焼く。焼き色がついたらぶりをとり出す（中まで火は通っていなくてOK）。火を止め、フライパンの脂や汚れをペーパータオルでふく。

4 フライパンにAを入れて中火にかける。煮立ったらぶりを戻し入れ、2〜3分、たれをスプーンでかけながら煮る。火を少し強め、たれが半量になるまで煮つめる。

5 皿にぶりを盛ってたれをかけ、かぶを添える。

肉どうふ

肉のうま味で、とうふがおいしく食べられます。

材料（2人分／1人分282kcal）

牛薄切り肉（もも、肩ロースなど）……100g
とうふ（もめん）……200g
たまねぎ……1/2個（100g）
えのきだけ……1袋（100g）
A 水……100mℓ
A 砂糖・しょうゆ・酒……各大さじ1・1/2

作り方（調理時間20分）

1 たまねぎは1cm幅に切る。えのきだけは根元を切り落とし、長さを半分に切る。とうふは4等分に切る。牛肉は4～5cm長さに切る。

2 鍋にⒶを合わせ、火にかける。煮立ったら、肉をほぐして加える。肉の色が変わったら、アクをとる。鍋の片方に肉を寄せ、とうふとたまねぎを加える。落としぶたをして、鍋のふたをずらしてのせ、中火で8～10分煮る。

3 えのきだけを加え、中火でさらに約2分煮る。

煮もののコツ

和風の煮ものは〝かあさんの味〟の代表格。中でも、いもや根菜の煮ものは、今も昔も、食卓によく登場します。しかし、ほっくり仕上がらない、できあがりが水っぽくなるという声も。根菜の煮ものを例に、コツを紹介します。

鍋の大きさは大きすぎず、小さすぎず

鍋は材料の分量に合った、口径・容量の鍋を選びます。2人分なら、口径が18〜21cmの鍋が使い勝手がよいでしょう。煮くずれやすい野菜は、重ねずに並べられる大きさを選びます。

煮くずれないように上下を返す

途中で1、2回上下を返すと、味が均一になり、きれいに仕上がります（煮くずれしやすいものは除く）。野菜がかたいうちに返すと、煮くずれしにくい。

火加減は「フツフツ」

煮汁が煮立ったら、レシピに従い、弱火〜中火にします。鍋の中がフツフツしている火加減がポイントです。煮汁が少なめの場合は、落としぶたを利用します。煮汁が全体にいき渡り、煮くずれしにくくなります。

最後は照りよく汁気をとばす

筑前煮など、汁気がなくなるまで煮る煮ものは、煮汁が少なくなったら、ふた（落としぶた）をとって鍋をゆすったり、大きく混ぜたりして汁気をとばします。おいしそうな照りが出てきます。

豚汁

野菜たっぷりの具だくさん汁は、
母の愛情もたっぷり。

材料（２人分／１人分 137kcal）

- 豚ばら肉（薄切り）……30g
- さといも……１個（80g）
- だいこん……50g
- にんじん……30g
- ごぼう……30g
- ねぎ……10cm
- だし……350mℓ
- Ⓐ みそ……大さじ１·1/2
- Ⓐ 酒……大さじ１
- 七味とうがらし……少々

作り方（調理時間 20 分）

1 さといもは皮をむき、５mm厚さの半月切りにする。だいこん、にんじんは２mm厚さのいちょう切りにする。ごぼうは皮をこそげ、3cm長さ、２mm厚さの斜め切りにして、水にさらして水気をきる。

2 ねぎは小口切りにする。豚肉は２cm長さに切る。

3 Ⓐを混ぜ、みそを溶く。

4 鍋にだしと肉、１の野菜を入れて火にかける。煮立ったらアクをとり、中火にしてふたをして約10分煮る。野菜がやわらかくなったら、Ⓐとねぎを加えて混ぜ、火を止める。

5 椀に盛り、七味とうがらしをふる。

さけのかす汁

寒さの厳しい時期に、ほっとうれしい汁もの。
身体の芯から温まります。

材料（2人分／1人分 176kcal）

甘塩さけ	1切れ（80g）
じゃがいも	小1個（100g）
だいこん	50g
にんじん	20g
万能ねぎ（小口切り）	1本
だし	300mℓ
Ⓐ みそ	大さじ1
Ⓐ 酒かす	30～40g

a

酒かすがかたいときは、包丁で粗くきざみ、みそと合わせます。

作り方（調理時間20分）

1 さけは4つに切り、ざるにのせて熱湯を回しかける。皮にうろこがついていれば、包丁でこそげとる。

2 じゃがいも、だいこん、にんじんは、5㎜厚さのいちょう切りにする。じゃがいもは水にさらして水気をきる。

3 鍋にだしと1、2を入れて、火にかける。煮立ったらアクをとり、ふたをずらしてのせ、弱火で7～8分煮る。

4 Ⓐをスプーンで練るようにしてしっかり混ぜる（a）。鍋の煮汁少々を加えてよく溶かし、鍋に加えてひと煮立ちさせる。

5 椀に盛り、ねぎを散らす。

鍋焼きうどん

夜食やお酒の〆《しめ》に喜ばれます。

材料（1人分 467kcal）

うどん（冷凍）	1玉
かまぼこ	2cm幅（30g）
小松菜	30g
しいたけ	1個（15g）
ねぎ（白い部分）	1/4本
卵	1個
Ⓐ だし	300mℓ
Ⓐ しょうゆ	大さじ1･1/2
Ⓐ みりん	大さじ1
Ⓐ 砂糖	小さじ1/2
Ⓐ 塩	少々
天かす	適量
七味とうがらし	少々

作り方（調理時間 15分）

1 かまぼこは1cm幅に切る。小松菜は3～4cm長さに切る。しいたけは軸をとり、半分のそぎ切りにする。ねぎは1cm幅の斜め切りにする。

2 1人分の土鍋にⒶを入れて煮立て、うどんを凍ったまま入れる。かまぼこ、小松菜、しいたけを入れ、ふたをして弱火で約5分煮る。卵を割り入れ、ねぎを加えて、さらに約1分煮る。

3 天かすをのせ、七味とうがらしをふる。

白あえ

あえる具は、季節によって変えても。
やさしい味わいにホッとします。

材料（2人分／1人分 153kcal）

- にんじん……30g
- 湯……300mℓ
- しいたけ……2個（30g）
- A
  - 酒……小さじ2
  - しょうゆ……小さじ1/2
- とうふ（もめん）……100g
- B
  - 砂糖……小さじ2
  - 塩……小さじ1/8
  - 練りごま（白）……大さじ1

a

本来の作り方は、すり鉢とすりこぎ(p.37)を使いますが、練りごまと泡立器で手軽に。

作り方（調理時間20分）

1 にんじんは3㎝長さ、2～3㎜幅のたんざく切りにする。しいたけは軸をとり、薄切りにする。

2 小鍋に分量の湯と塩小さじ1/2（材料外）を沸かし、にんじんを2～3分ゆでてとり出し、水気をきる。続けてとうふを3～4㎝大にくずしながら加え、再び沸騰したら、ざるにあけ水気をきる。

3 小鍋にしいたけとⒶを入れ、中火でしんなりするまでいり煮にする。

4 ボールにⒷを合わせ、とうふを加える。泡立器でとうふをくずしながら混ぜる（a）。なめらかになったら、にんじん、しいたけを加えてあえる。

年越しそばとかき揚げ

「今年の厄をたち切る」ために、12月31日の大みそかに食べます。

材料（2人分／1人分 406kcal）

そば（乾めん）……………………160g
Ⓐ
- だし………………………………600mℓ
- しょうゆ…………………大さじ3
- 砂糖………………………小さじ2
- みりん……………………小さじ1

たまねぎ……………1/4個（50g）
三つ葉………スポンジ1個（20g）
桜えび（乾燥）……………………10g
Ⓑ
- 天ぷら粉…………………大さじ4
- 水…………………………大さじ3

サラダ油…………………大さじ2

少量の油でサクサクにできます。具はお好みで。

作り方（調理時間20分）

1 Ⓐを鍋に合わせて温め、つゆを作る。

2 たまねぎは1cm角、三つ葉は根元を落として2〜3cm長さに切る。

3 Ⓑをざっと混ぜて衣を作り、たまねぎ、三つ葉、桜えびを加えてさっくりと混ぜる。

4 フライパンに油を温め、3を半量ずつ、丸く広げて入れて形を整える（a）。弱めの中火で2〜3分、表面がカリッとなるまで揚げ焼きにする。裏返し、さらに2〜3分焼く。

5 たっぷりの湯を沸かし、そばを表示どおりにゆでる。水で洗い、水気をきる。

6 そばを熱湯で温め、水気をきって器に入れる。温かいつゆをかけ、かき揚げをのせる。ねぎの小口切り・七味とうがらし各少々（材料外）をのせる。

関東風の雑煮

一年の無事を祈って、正月に食べます。
各地域、各家庭でいろいろな味があります。

材料（2人分／1人分 185kcal）

とりもも肉……50g
だいこん……50g
にんじん……30g
小松菜……30g
切りもち……2個（100g）
水……400mℓ
こんぶ……5cm
けずりかつお……5g
A しょうゆ……大さじ1/2
　塩……小さじ1/6

関東は角もちを使ったすまし汁、関西は丸もちを使った白みそ仕立て（上写真）が一般的。

作り方（調理時間20分／こんぶをつける時間は除く）

1 こんぶは分量の水と一緒に鍋に入れ、30分以上つける。火にかけて沸騰直前にとり出し、けずりかつおを入れる。再び沸騰したら火を止め、1〜2分おいてこす（だし）。

2 だいこんは7mm厚さのいちょう切りにする。にんじんは3mm厚さの輪切りにして、あれば梅の抜き型で抜く。それぞれゆでる。小松菜は、さっとゆでて水気をしぼり、4cm長さに切る。

3 とり肉はひと口大のそぎ切りにして、塩・酒各少々（各材料外）をふる。

4 もちはオーブントースターで焼く。

5 だしを鍋で温め、肉を入れて火を通し、Aを加える。椀にもちと2を盛り、汁をそそぐ。ゆずの皮少々（材料外）をのせる。

七草がゆ

米から炊くと、
口当たりと甘味が違います。
体調のすぐれない
家族のためにも。

材料（2人分／1人分 138kcal）

米…… 米用カップ1/2（90mℓ・75g）
水 ………………………………… 600mℓ
七草*…………… 1/2パック（50g）
塩 ……………………………… 小さじ1/4

* 小松菜、かぶの葉、だいこんの葉でも。ゆでてから使う。

作り方（調理時間45分／米の浸水時間は除く）

1. 米は洗って水気をきり、土鍋に入れる。分量の水を加え、30分以上おく。
2. 土鍋にふたをして中火にかけ、沸騰したらごく弱火にして、35～40分炊く。
3. 七草は粗くきざむ。七草と塩を2に加えてひと混ぜする。5分ほどむらす。

七草がゆ

1月7日は「人日の節句」といい、七草がゆを食べて無病息災を祈るとともに、正月のごちそうで疲れた胃を休めます。春の七草とは、せり、なずな、ごぎょう、はこべら、ほとけのざ、すずな（かぶ）、すずしろ（だいこん）のこと。

お汁粉（ぜんざい）

素朴で、しみじみおいしい甘味があると、ほっこりした気持ちになります。

材料（2人分／1人分 363kcal）

- 粒あん*……200g
- 水……180～200mℓ
- 塩……少々
- 切りもち……2個（100g）
- 塩こんぶ……少々

* 手づくりするなら（粒あん約300g分）

1 あずき150gは洗い、鍋に入れて、たっぷりの水を入れ、強火にかける。沸騰したら2～3分ゆでてざるにあける（渋きり）。

2 鍋にあずきを戻し、水1ℓを加えて強火にかける。煮立ったらアクをとり、弱火にする。指でかんたんにつぶれるくらいになるまで、40～45分煮る（ふたはしない）。

3 砂糖130gを約5分おきに、2、3回に分けて加える。最後に塩少々を加えて、味をひきしめる。

作り方（調理時間10分）

1 鍋に粒あんと分量の水を入れ、煮立ったら弱火で4～5分煮る。塩で味をととのえる。

2 もちはオーブントースターで焼く。

3 椀にもちを入れ、1をかける。塩こんぶを添える。

鏡開き

1月11日とする地域が多く、正月に供えていた鏡もちを下げて、汁粉や雑煮などにして食べ、無病息災を祈願します。お供えした食べものには力が備わると考えられています。「切る」という忌みことばは使わず、「開く」といい、木づちなどで割るのがしきたりです。

家族のごちそう

正月

正月は新年を祝う節目の行事。
おせちの何品かは手作りして、
一年の健康と幸福を願います。

一の重
黒豆(p.124)
だて巻き(p.130)
紅白なます(p.128)
かずのこ(p.125)
紅白かまぼこ
こぶ巻き
栗きんとん(p.129)
田作り(p.126)

二の重
のしどり
ぶりの照り焼き(p.111)
煮豚
えびのつや煮

三の重
煮しめ(p.132)

※写真左下から順に表記

おせち

おせちの語源は「お節供《せちく》」。お節供は、朝廷で節日《せつにち》(一月一日、一月七日、三月三日、五月五日、七月七日、九月九日など)に神様に供え、祝ったごちそうです。これが次第に、その年の新しい神様＝年神《としがみ》様を迎える正月の料理をさすとともに、庶民に広がりました。おせちには、新しい年への夢や願いがこめられています。

黒豆

材料（作りやすい分量／全量949kcal）

黒豆（乾燥）……150g

A
- 水……800mℓ
- 砂糖……90g
- しょうゆ……大さじ1
- 塩……小さじ1/3
- 重そう（食品用）……小さじ1/4

クッキングシート*……約25cm角1枚

* 鍋と同じくらいの大きさに丸く切り、4か所ほど小さく穴をあけて、落としぶたにする。

a

作り方（調理時間5時間／つける・さます時間は除く）

1 前日：豆はさっと洗って水気をきる。

2 ステンレスかホーロー製の鍋にAと豆を入れて（a・写真はわかりやすいようにボール）ふたをし、ひと晩つける（8時間以上涼しい場所におく。室温が高ければ冷蔵庫に）。

3 当日：2の鍋を中火にかける。煮立ったら、アクをとる。クッキングシートの落としぶたをして、鍋のふたをずらしてのせる。ごく弱火にし、約5時間煮る。時々ようすを見て、途中で煮汁が少なくなったら、水をたす（火加減は煮汁が静かにフツフツするくらいがめやす。豆が煮汁に常につかっているようにすることで、ふっくらと煮える）。

4 豆を1粒指でつぶしてみて、ラクにつぶれるくらいになったら、火を止める。煮汁につけたままさます。

● 保存期間：冷蔵3〜4日（煮汁につけて保存）

かずのこ

材料（作りやすい分量／全量110kcal）

かずのこ（塩蔵）……………5本（100g）

Ⓐ
- だし……………80mℓ
- 酒……………大さじ1·1/2
- うすくちしょうゆ……………大さじ1弱

a

b

作り方（調理時間5分／塩抜きする時間は除く）

1 かずのこは、塩水（水500mℓ＋塩小さじ1の割合・材料外）につけて、冷蔵庫に半日〜1日おいて塩抜きをする（a・途中で塩水は1、2回とりかえる）。

2 ボールにⒶを合わせる。かずのこを少し食べてみて、ほどよく塩気が抜けていたら、表面を指でこすって薄皮をとる（b）。

3 手で大きめのひと口大に割ってⒶにつける。冷蔵庫におく。半日以上おくと味がなじむ。

● 保存期間：冷蔵3〜4日

田作り

材料（4人分／1人分 26kcal）

ごまめ……………………20g

Ⓐ
- 砂糖……………大さじ1
- 酒………………大さじ1/2
- しょうゆ…………小さじ1

作り方（調理時間5分）

1 Ⓐは合わせる。ごまめは耐熱皿に広げ、ラップをせずに電子レンジで1分～1分30秒（500W）加熱する。Ⓐを加え、よく混ぜる。

2 再び皿に広げ、ラップをせずに電子レンジで約1分加熱する。

3 くっつかないように別皿に広げ、乾かす。

● 保存期間：冷蔵4～5日

ごまめ

ごまめは、小さなかたくちいわしを乾燥させたもので、「こまむれ（細群）」の「むれ」が略され、「こまめ」と呼ばれていました。そこから、体が丈夫なことを意味する「まめ（忠実）」に「ご（御）」がつき、「ごまめ（御忠実）」となったといわれます。

たたきごぼう

材料（作りやすい分量／全量 152kcal）

ごぼう……100g

Ⓐ
- 砂糖……小さじ1
- 酢……大さじ1･1/2
- みりん……大さじ1
- 塩……少々

いりごま（白）……大さじ1･1/2

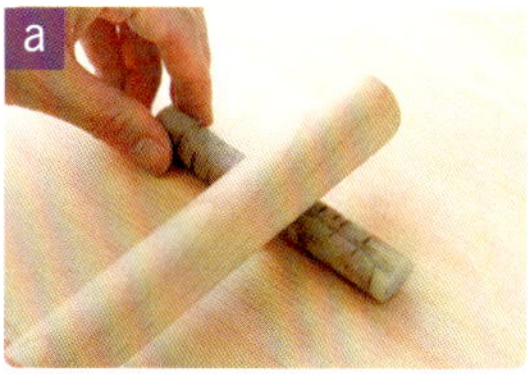
a

作り方（調理時間 25 分）

1 ごぼうは皮をこそげ、10㎝長さに切る。酢水（水600㎖＋酢大さじ１の割合・材料外）に２～３分さらして水気をきる。

2 鍋に湯400㎖を沸かして、酢小さじ１（材料外）を入れ、ごぼうを約15分ゆでる。水気をきり、熱いうちにめん棒などで軽くたたいて割れ目を入れる（a・やけどに注意）。５㎝長さに切る。

3 小鍋にⒶを煮立たせ、ごぼうを入れ、弱めの中火で１～２分煮る。汁につけたままさまし、味を含ませる。ごぼうの汁気を軽くきり、ごまをまぶす。

● 保存期間：冷蔵２～３日

紅白なます

材料（4人分／1人分31kcal）

だいこん	300g
にんじん	20g
塩	小さじ1/3
ゆずの皮（せん切り）	少々
Ⓐ 砂糖・みりん	各大さじ1
Ⓐ 酢	大さじ2・1/2
Ⓐ 塩	小さじ1/8

作り方（調理時間20分）

1 だいこん、にんじんは4cm長さのせん切りにする（にんじんも下記と同様に切るが、だいこんよりやや細めにするときれい）。

2 だいこんとにんじんを合わせ、塩小さじ1/3をふって軽く混ぜ、約10分おく。

3 ボールにⒶを合わせる。2の水気をしぼって加えてあえ、ゆずの皮を加えて混ぜる。半日〜1日おくと味がよくなじむ。

● 保存期間：冷蔵4〜5日

だいこんのせん切り

1 だいこんは4cm長さに切り、縦半分に切る。

2 その切り口を下にして置き、繊維にそって薄く切る。

3 少しずつずらして重ね、端から細く切る。

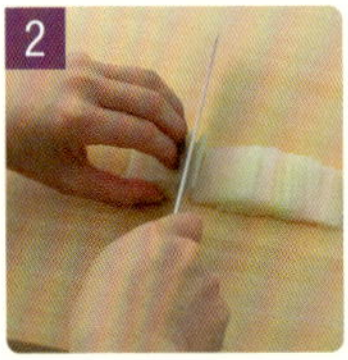

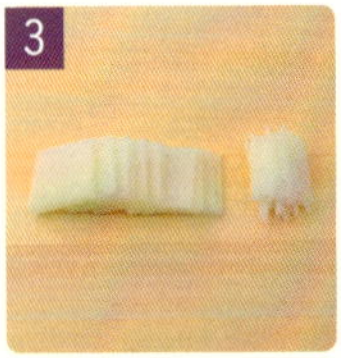

栗きんとん

材料

（作りやすい分量／全量 881kcal）

- さつまいも……250g
- 水……300mℓ
- くちなし*……1個
- 砂糖……20g
- Ⓐ
  - 砂糖……60g
  - みりん……大さじ1･1/2
  - 栗の甘露煮のシロップ……大さじ1
- 栗の甘露煮……8～10粒
- 塩……少々
- お茶用パック……1枚

*くちなしの実を乾燥させたもの。きんとんのほか、和菓子やたくあんなどを黄色く色づけるために使われる。

a

作り方

（調理時間 40分／水にさらす時間は除く）

1 いもは1cm厚さの輪切りにし、皮を厚くむく。水を2～3回かえながら、30分ほど水にさらしてアクを抜く。くちなしはキッチンばさみで半分に切り、お茶用パックに入れる。

2 いもの水気をきって鍋に入れ、分量の水とくちなしを加えて火にかける。沸騰したら中火にし、ふたをしてやわらかくなるまで約10分ゆでる。途中、黄色く色づいたら、くちなしはとり除く。砂糖20gを加えて、さらに約5分煮る。

3 いもが熱いうちに汁ごとこし器でこし、いもを裏ごす。鍋に戻し入れる。

4 いもにⒶを混ぜて火にかけ、煮立ったらアクをとる。弱火にし、時々鍋を回しながら、とろみが出るまで約10分煮つめる。

5 木べらで鍋底に「1」の字をかいたときに、鍋底が見えるくらいになったら（a）、栗を加え、ひと煮立ちしたら、塩を加えて火を止める。

● 保存期間：冷蔵4～5日

だて巻き

材料（約15×20×2cmのトレー* 1本分／全量669kcal）

- 卵……5個
- はんぺん……100g
- A
  - 砂糖……大さじ4
  - みりん……大さじ2
  - 酒……大さじ1
  - うすくちしょうゆ……小さじ1/4
- クッキングシート**……25×30cm角1枚
- 鬼すだれ（下段参照）

* ステンレスやホーロー製など、耐熱性のもの。

** 4辺に約2～3cm長さの切りこみを入れ、トレーに合わせて折る。

鬼すだれ・巻きすだれ

鬼すだれ（写真左）は竹ひごの断面が三角になっているので、だて巻きに筋目がつき、美しい形に仕上がります。なければ、形は変わりますが、巻きずし用の巻きすだれ（写真右）を使っても。使用後はたわしなどで竹の間までよく洗い、水気をふいて、充分に乾かします。

a

b

c

d

卵液の材料をクッキングカッターにかけたら、あとはこして焼くだけ。鬼すだれで巻き、さまします。オーブンの状態は家庭によって違うので、ようすを見ながら焼きましょう。

作り方（調理時間30分／さます時間は除く）

1 オーブンを230℃（ガスは200℃）に予熱する。

2 卵はときほぐす。はんぺんはちぎり、クッキングカッターに約10秒かける。卵とⒶを加えて、なめらかになるまで約10秒かける。万能こし器でこす（a）。

3 トレーにクッキングシートを敷き、オーブン皿にのせる。2を静かに流し入れる（b）。

4 230℃のオーブン（ガスは200℃）で約10分焼き、色ムラを防ぐためにオーブン皿の前後を入れかえる。さらに4〜5分（ガスは2〜3分）、焼き色がつくまで焼く。竹串を刺してみて、生っぽい生地がつかなければ焼きあがり（焼き色がついていないときは、温度を上げ、オーブンの上段でさっと焼くとよい）。

5 熱いうちにシートをはがし、鬼すだれに焼き色がきれいなほうを下にして置く。巻きやすいように手前から2〜3㎝間隔で浅い切り目を5〜6本入れ（c）、手前から巻く。鬼すだれごと輪ゴムで3か所とめ、斜めに立てかけてさます（d）。食べやすく切る。

● 保存期間：冷蔵2〜3日

おせち料理の保存

おせち料理は保存性を高めるために、味つけがふだんより濃いめです。とはいえ、暖房のきいた部屋に出しておくのはNG。三が日の間、日もちさせるには、一種類ずつ保存容器に入れ、冷蔵庫で保存します。また、必要に応じて再加熱し、そのつど重箱に詰め直します。

煮しめ

材料（4人分／1人分152kcal）

にんじん（型が抜ける太さ）	100～150g
さといも（1個約70gの形のよいもの）	400g
塩	小さじ1/2
れんこん（直径4～5cmで形のよいもの）	200g
ごぼう（約2cm太さ）	100g
干ししいたけ	4個（12g）
さやえんどう	12枚
こんにゃく	1/2枚（100g）
A　だし	400mℓ
A　しいたけのもどし汁	50mℓ
A　砂糖	大さじ2·1/2
A　みりん	大さじ2·1/2
A　うすくちしょうゆ	大さじ2·1/2
A　塩	小さじ1/8

a

にんじんは色が濃くなりすぎないように途中でとり出し、乾かないように煮汁をかけておきます。

作り方（調理時間40分／しいたけをもどす時間は除く）

1 干ししいたけは、水200mℓ（材料外）に30分以上つけてもどす（もどし汁50mℓはとりおく）。軸は除く。

2 にんじん、さといも、れんこんは飾り切りにする（左ページ・しいたけはそのまま）。れんこんは水に4～5分さらして水気をきる。ごぼうは皮をこそげ、乱切りにする。水にさらして水気をきる。

3 さといもは、塩小さじ1/2をもみこみ、熱湯でさっとゆでる。水にとり、流水で洗い、ぬめりをとる。

4 さやえんどうは筋をとる。こんにゃくは手綱（左ページ）にする。熱湯でさやえんどう→こんにゃくの順にさっとゆでる。

5 鍋にAを合わせる。さやえんどう以外の材料をひと並べに入れ、中火にかける。煮立ったらアクをとり、落としぶたとふたをして、約10分煮る。

6 にんじんがやわらかくなったらとり出す。煮汁を50mℓほど鍋からとり分けて、にんじんをひたしておく。野菜がやわらかくなり、煮汁が少なくなるまで、さらに約5分煮る。そのままさまして、あら熱をとる（a）。

7 しいたけを亀甲形（左ページ）に切る。器に盛り、さやえんどうを飾る。

野菜の飾り切り

煮しめの野菜は、乱切りでも作れますが、手をかけて切り方を工夫すると、より正月らしさを演出できます。

にんじん

梅花＝松竹梅でめでたい

1.5cm厚さの輪切りにし、梅の抜き型で抜く。花びらの境から中心に向けて切りこみを入れ、切りこみに向かって斜めに厚みをそぎとり、花びらに凹凸をつける。

さといも

六方＝亀甲（長寿）

両端を落とし、皮を「一辺むいたら向かい側の辺をむく」というふうに、断面が六角形になるように縦に同じ方向にむく。大きければ横半分に切る。

れんこん

花れんこん＝見通しがよく、美しい

1cm厚さに切る。穴と穴の境に切りこみを入れ、穴にそって皮をむいて、花形にする。

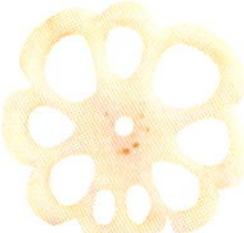

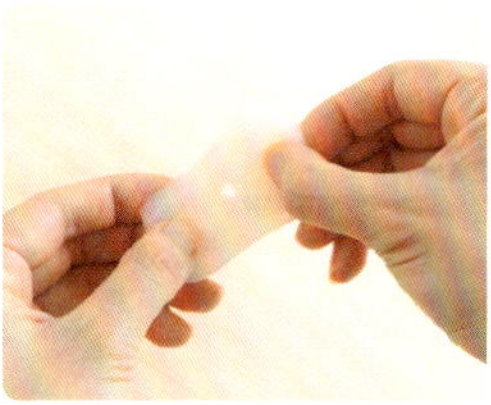

こんにゃく

手綱＝耕す馬を操る（豊穣）

7〜8mm厚さに切る。中央に1cm強の長さの切りこみを入れ、片端を通してねじる。

干ししいたけ

亀甲＝長寿

煮たものを、少し長めの六角形になるように端を切り落とし、亀の甲羅の形にする。

おせち料理の種類といわれ・詰め方

一の重

新年を祝う神酒《みき》の肴《さかな》となる三つ肴（左ページ）は、必ず用意しましょう。甘い口取りなども詰めます。

二の重

本来は酢のものを詰めます。現在は、ごちそうとされる、海の幸、山の幸を焼いた「焼きもの」を中心に詰めます。

三の重

根菜類を中心にした野菜などの「煮もの」を詰めます。煮しめや炊き合わせのほか、筑前煮でも。

一の重

【三つ肴】

三つ肴は、関東では「黒豆」「かずのこ」「田作り」を、関西では「黒豆」「かずのこ」「たたきごぼう」をさす。

黒豆
「無病息災」。黒は厄除けの色であり、まめ（健康）に暮らせるようにとの願いをこめて。

田作り
「五穀豊穣」。ごまめともいい、かたくちいわしの稚魚を甘からく煮たもの。名の由来は、かたくちいわしを稲作の肥料として使ったところ、米が五万俵もとれたため。

かずのこ
「子孫繁栄」。にしんの卵巣で、ひと腹にたくさんの卵をもっているため。

たたきごぼう
「豊作と息災」。豊年のときに飛んで来る、聖なる黒い鳥を模している。

【口取り】

祝いの膳につける引出物という意味。

こぶ巻き
「慶びを広める」。「よろこぶ」という語呂合わせと、古代にこんぶが「ひろめ」と呼ばれていたことから。

栗きんとん
「商売繁盛・金運」。黄金色に輝く財宝にたとえて。また、栗は、山の幸の代表格。

だて巻き
「文化・学問」。巻き物（書物）に似た形なので、「知識が増えるように」という願いをこめた縁起もの。長崎から江戸に伝わった「カステラ蒲鉾《かまぼこ》」が由来とされている。

＊＊＊

紅白かまぼこ
「日の出」。紅はめでたさと慶びを、白は神聖さを表す。

【酢のもの】

紅白なます
祝いごとの紅白の水引を表している。

そのほか、酢のものには、ちょろぎ、酢ばす（れんこんの甘酢漬け）などもある。

二の重

【焼きもの】

ぶりの照り焼き
「出世を願う」。ぶりは、わかし（わかなご）→いなだ→わらさ→ぶり（関東の場合）と成長するごとに名の変わる「出世魚」。その縁起をかついで。

えびのつや煮
「長生き」。えびはひげが長く、背が曲がることから、長生きをという願いをこめて。

のしどり
別名「松風《まつかぜ》焼き」ともいう。松風焼きの本来の形である、末広形がめでたいことから。

そのほか、焼きものには、たいの焼きものなども含まれる。最近では、煮豚、うなぎの焼きものなどが入ることもある。

三の重

【煮もの】

煮しめ
根菜類を中心にした野菜などの煮もの。保存できるように、濃いめの味わいに煮あげる。根菜類は米と並んで実りの象徴で、煮しめは元々、おせちのための料理ではなく、不祝儀の際に供していた。祝儀やしめの材料の形にも意味がある（p.133）。

お重の詰め方

一の重を例にして、詰め方の基本を紹介します。

1

詰め始める前に、彩りなどを考えて、大まかに詰める場所を決めます。

2

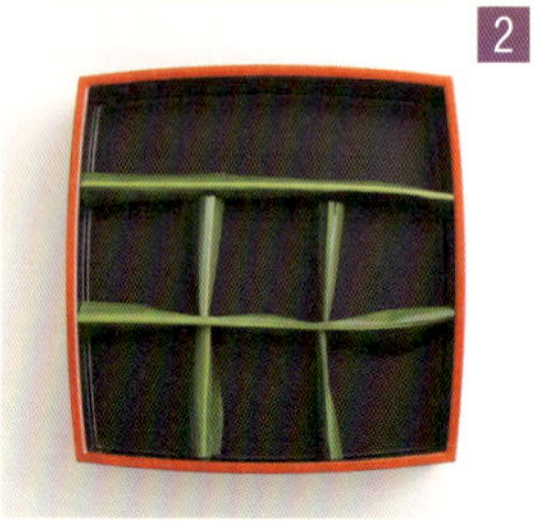

葉らんなどで、仕切りを作ります。

3

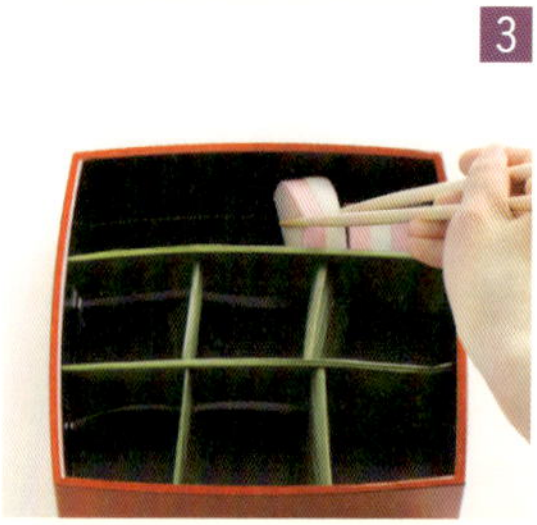

安定感のあるもの、大きなものから詰めます。かまぼこは、紅白を互い違いに並べると、きれい。

4

黒豆など汁気の出るものは、小さい器やアルミカップに詰めます。

5

栗きんとんや田作りなどの細かいものは、最後のほうに詰めると、バランスよくなります。

6

全部詰めたら、飾りの葉などで、彩りを添えても。

上手に詰めるコツ

仕切りを作っておく

お重を仕切ると、味がほかの料理に移らず、きれいに詰められます。葉らんやアルミホイルを重箱に合わせて切ったり、折ったりして使います。

カップや器を活用する

汁気のあるものは、弁当用のアルミカップなどを活用します。ゆずの果肉をくり抜いたゆず釜を作ると、見た目も香りもよくなります。

見た目に美しく

配色や詰め方、料理の組み合わせなどに気を配ります。飾りの葉として、南天、裏白《うらじろ》、松葉などを使うと、見ばえがよくなります。

南天

裏白

立てかつら

詰め方いろいろ

重詰めには伝統的な形があり、それぞれに意味があります。詰める形はほかのお重とのバランスや、詰めるおせち料理の種類や量によって決めます。

段詰め（市松）
基本的な詰め方です。縦横のラインをきっちりと平行に、市松もようを描きます。

枡形詰め
祝いの席で使用する「枡」に見立てて、斜めに区切って詰めます。

扇子型詰め
扇のような曲線を描く詰め方。縁起のよい、扇の形を表します。

お重がないときは

皿やトレーを活用

お重がなければ、大皿やトレーなどにおもてなし風に盛りつけましょう。1人分や2、3品の料理ごとなどバランスよく盛ります。

華やかさを添えて

趣きのある小さな器や、グラスを活用しましょう。器のあいているところに、右ページのような葉らん、南天などの飾りの葉のほか、和紙や水引を添えてもすてきです。

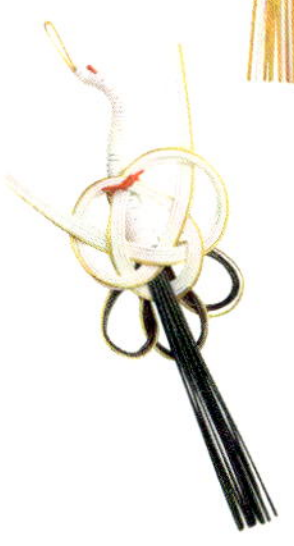

覚えておきたい

もう一品

どれもシンプルな材料で、
さっと作れるものばかり。
あともう1品おかずがほしい…
そんなときに役立ちます。

きのこの当座煮

材料（2人分／1人分 20kcal）

しいたけ……………1/2パック（50g）
しめじ………………1/2パック（50g）
えのきだけ…………1パック（100g）
Ⓐ しょうゆ・みりん・酒各小さじ2

作り方（調理時間10分）

1 しいたけは石づきをとり、5㎜幅に切る。しめじは根元を落とし、小房に分ける。えのきは根元を落とし、長さを半分に切ってほぐす。

2 鍋にⒶときのこを入れ、中火で約2分、混ぜながら煮る。

● 保存期間：冷蔵3日

ほうれんそうのおひたし

材料（2人分／1人分19kcal）

ほうれんそう……………1/2束(150g)
しょうゆ…………………………小さじ1/4
Ⓐだし大さじ1、しょうゆ小さじ1
けずりかつお…………………………少々

作り方（調理時間10分）

1 ほうれんそうは、太いものは根元に十文字に切り目を入れる。

2 たっぷりの湯を沸かし、ほうれんそうを根元から入れてゆでる。沸騰したら上下を返し、再び沸騰したら水にとる。水の中で根元をそろえ、水気をしぼる。

3 しょうゆ小さじ1/4をふりかけ、水気をしぼる（しょうゆ洗い）。根元を落とし、3～4cm長さに切る。器に盛る。

4 Ⓐを合わせて3にかけ、けずりかつおをのせる。

小松菜の煮びたし

材料（2人分／1人分67kcal）

小松菜…………………………1/2束(150g)
油揚げ…………………………………1枚
Ⓐだし150mℓ、みりん大さじ1、しょうゆ大さじ1/2

作り方（調理時間10分）

1 小松菜は洗って根元を切る。3～4cm長さに切り、茎と葉に分ける。

2 油揚げは縦半分に切り、1cm幅に切る。

3 鍋にⒶを合わせ、中火で油揚げを1分ほど煮る。小松菜の茎、葉の順に加え、しんなりするまで煮る（ふたはしない）。煮汁ごと器に盛る。

なめこおろし

材料（２人分／１人分 23kcal）

なめこ …………………………… １袋（100g）
だいこん ………………………………… 80g
Ⓐ 酢大さじ１、砂糖小さじ１、しょうゆ小さじ1/2、塩少々

作り方（調理時間５分）

1 なめこはざるに入れてさっと洗い、熱湯をかける。

2 だいこんはすりおろし、ざるにとって自然に水気をきる。

3 ボールにⒶを合わせ、１、２を加えて混ぜる。

長いもの梅肉あえ

材料（２人分／１人分 41kcal）

長いも ………………………………… 100g
梅干し ……………… 中1/2個（正味５g）
Ⓐ 酢大さじ1/2、砂糖小さじ１、しょうゆ小さじ1/2、塩少々
きざみのり ……………………………… 少々

作り方（調理時間５分）

1 長いもは皮をむき、ポリ袋に入れてめん棒などでたたき、大きめにくだく。

2 梅干しは包丁で果肉を細かくたたく。

3 ボールにⒶと２を混ぜ合わせる。１を加えてあえ、器に盛る。きざみのりをのせる。

知っておきたい、和食の基本

バランスのよい献立をたてる

おいしい食事は、
体と心へのごほうび。
家族みんなを笑顔に
してくれます。

献立の基本は「一汁三菜」

「一汁三菜」とは、主食となるごはんに対しての、「一つの汁、三つのおかず（菜）」の組み合わせのこと。三つのおかずは、「魚や肉など、ボリュームのあるおかず＝主菜1品」と、「野菜や海藻、豆類などの小さいおかず＝副菜2品」と考えます。この組み合わせで考えると、バランスのとれた献立になります。

食材・味・食感・彩りのバランスを考える

3品のおかずがどれもしょうゆ味だったり、どれもやわらかかったりすると、食欲をそそらず、家族が飽きてしまいます。献立作りのコツは、3品の〈食材・味・食感・彩り〉が重ならないようにすること。そのときの旬の食材を積極的に使えば、おいしいうえに安上がり。そしていろいろな食材を食べれば、栄養価も高い献立になります。

常備菜や、さっと作れるおかずをうまく活用する

一度に3品作るのは大変なことのようですが、副菜はかんたんなものでかまいません。10分程度でさっと作れる「もう一品」（p.138〜）のおかずを活用したり、余裕があるときに、日もちのする「常備菜」（p.96〜）を作ったりしておくと便利です。

ときには、一汁二菜、一汁一菜でも

野菜が多めの主菜や副菜があるときは、副菜1品は省略して、一汁二菜の献立でもよいでしょう。また、丼ものなどの主菜兼主食のひと皿のときは、野菜などがたくさん入った汁ものをつけて一汁一菜にしても。献立は量だけではなく、野菜がとれているかなど、全体のバランスを見て考えるとよいでしょう。

配膳するときは、「ごはんは左、汁ものは右」が決まりです。間に副菜2（軽いもの）をはさみ、向こうに主菜と副菜1（やや重い）を置きます。
※主菜と副菜1の位置は、流派によって左右が逆の場合もあります。

献立例

①主　食　ごはん
②汁もの　小松菜と油揚げのみそ汁
③主　菜　魚の煮つけ
④副菜1　かぶの甘酢あえ
⑤副菜2　漬けもの

まず主菜を決める。次に、主菜とのバランスを考えて副菜と汁ものを決める。

上の写真を例に、献立のたて方を考えてみましょう。

旬の魚が安く手に入ったので、**主菜**は魚の煮つけに。一緒にごぼうとわかめを煮ますが、まだ野菜がたりないので、**副菜**と**一汁**で補います。かぶの葉や小松菜の緑黄色野菜を使って、彩りもよくしましょう。**主菜**が魚で少しボリュームがたりないようなら、**汁もの**に、油揚げやとうふなどの大豆製品を入れると、ボリュームが出ます。

味つけ、食感の重複を避ける

主菜の魚の煮つけが濃いめの甘から味なので、**副菜1**は、酸味のきいたかぶの甘酢あえでさっぱりと。**副菜2**はあっさりとしたぬか漬けにして、味つけが重ならないようにしています。

また、魚や一緒に煮たごぼうとわかめ、みそ汁の具がやわらかい食感なので、**副菜1・2**は歯ごたえの残るものに。そして主菜と汁ものが温かいものなので、**副菜1・2**は冷たいものに。このように食感のバランスも考えると、煮る（やわらかい・温かい）、あえる（かたい・冷たい）といった調理法の重複がなくなります。火口の重なりが防げるため、調理もスムーズになります。

おいしいごはんを炊く

白米

米用の計量カップ（180㎖・150g＝1合）に米を山盛りに入れ、スプーンの柄や箸などで、盛りあがった米を除く。

最初の水は、手早く捨てる。

米はボールに入れ、最初にたっぷりの水を加え、ひと混ぜしてすぐ捨てる。

力を入れなくても大丈夫。

リズミカルにシャッシャと軽くとぐ。そのあと水を入れては捨て、を手早く2、3回くり返してすすぐ。

米をとぐ

米（うるち米）は正確に量ります。ふだん料理に使っている計量カップは２００㎖ですが、米用の計量カップは１８０㎖。理由は米を１合、２合で量っていた時代の習慣がそのまま残っているためです。間違えないように注意しましょう。なお、炊飯器の目盛り、計量米びつのカップ表示も同様です。

米に水をそそいでとぎます。米は、水分が15％程度の乾物ですから、最初に出会った水分をたくさん吸収します。ぬか臭も出るので、最初の水は吸わないように、手早く水を捨てましょう。とぐのは、それからです。水は加えず、手のひらで米粒同士を軽くこすり合わせ、米粒のまわりに残っているぬかを除きます。

気にすればいつまでも水が白っぽく見えますが、これは米のでんぷん質です。水をかえてすすぐのは２、３回で充分です。

白米を炊くときの、
米と水の量の割合
〈米の容量の 1.1 ～ 1.2 倍〉

米１合（180mℓ）＋水 200 ～ 215mℓ
米２合（360mℓ）＋水 400 ～ 430mℓ
米３合（540mℓ）＋水 600 ～ 650mℓ

4

ざるにとって、水気をきる。余分な水分が残っていると、しっかりと計量できず、炊きあがりが水っぽくなる。

5

炊飯器の内釜に米を移し、目盛りに合わせて水を入れる。鍋で炊くときは、米の容量の１～２割増しの水を入れる。

6

炊きあがったら、ぬらしたしゃもじを十字に切るようにして入れ、ほぐす。保温しておく場合も、炊きあがりに一度ほぐしておく。

米に水を充分含ませて炊く

米はよく水気をきり、炊く前に、浸水させます。米粒の中まで充分に吸水していないと、芯が残ります。炊飯器には、炊飯時に吸水させる工程も含まれているため、といですぐにセットし、スイッチを入れます。ただし、炊飯器の機能は、機種によって異なるので、説明書を確認しましょう。

- 鍋で米を炊く場合の浸水時間は、夏は30分、冬は1時間がめやすです。また、米の種類や水温で変わります。
- 無洗米についてはp.147。

炊きあがったら蒸気をとばす

炊飯器にはむらし時間も含まれているので、炊きあがったらすぐに混ぜ、余分な蒸気を飛ばします。

- 鍋で炊いた場合、火を止めて10～15分程度むらしてから、混ぜます。

おいしいごはんを炊く
そのほかの米・保存について

もち米

もちや赤飯、おこわに使うのが、もち米です。形は、うるち米（ふつうの米）より丸みがあり、乳白色。加熱すると、強いねばりが出ます。うるち米より、水をたくさん吸うので、炊く前に時間を長くおいてしっかり吸水させておきます。その分、炊くときの水量は少なめです。

もち米の浸水
もち米は、うるち米より多くの水を吸収する。炊く前に1時間以上浸水する。

玄米と胚芽精米

玄米は、稲穂からもみ殻を除いただけのもの。ぬか層や胚芽部分がついているので、白米に比べてたんぱく質、脂質、ビタミン類が豊富です。

ふつうの炊飯器で炊けますが、浸水には時間がかかり、水分量も多めです。炊く前に、水を2、3回かえて、ほこりや汚れを洗い流します。炊きあがりはかためで、消化吸収が悪いので、よくかんで食べます。

玄米を精米する段階で、ビタミンB1を豊富に含む胚芽部分を残して精米したものが胚芽精米。とぐと胚芽がとれるので、軽く洗う程度にします。胚芽精米を炊くときの炊き方はふつうの米と同じです。

玄米の洗い方
玄米はとがずに、やさしく洗う。浮いてきたもみ殻はとり除く。

玄米・無洗米を炊くときの、米と水量のめやす

玄米１合（180mℓ）＋水 300 ～ 330mℓ
無洗米１合（180mℓ）＋水 215 ～ 230mℓ
（無洗米は、水量を炊飯器の目盛りに合わせ、大さじ１～２をプラスする）

無洗米

精米過程で米ぬかをとり除き、とがずにそのまま使えるようにしたのが無洗米です。炊くときの水加減がふつうの米とやや異なります。無洗米は、ふつうの米用カップで量った場合、とれたぬかの分だけ米粒が多く入ります（10～15ｇ）。その分、目盛りの水量より水を増やします（大さじ1～2）。専用カップなら、水量はふつうの米と同じです。

無洗米専用カップ
無洗米専用カップ（左）は、ぬかの分だけ小さめだが、重量はふつうの米と同じ。水量は炊飯器の目盛りのままでよい。

米の保存

米は、密閉容器に入れ、日の当たらない涼しい場所におきます。夏場は冷蔵庫の野菜室でも。

ごはんの保存

ごはんを、長時間保温するのはおすすめしません。味も落ち、電気代もかかります。また、冷蔵庫で保存すると、でんぷんが劣化しやすく、食感が悪くなります。保存する場合は、炊きあがりを早めに冷凍しましょう。小分けにしておくと、食べるときに便利です。

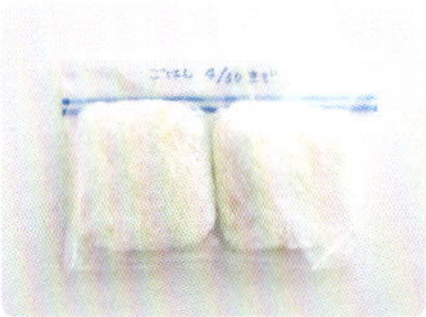

ごはんの保存
冷凍するときは、あら熱をとり、保存容器に入れるか、小分けにしてラップで包み、保存袋に入れる。

冷凍したごはんの保存と解凍

保存期間：約３週間
解凍：１食分（150g）につき、凍ったまま電子レンジで約３分（500W）加熱する。

だしをとる

かつお・こんぶのだし

和食にはだしが欠かせません。きちんととっただしを使うと、香りが立ち、料理の風味が増します。

「だしをとる」というと、手間がかかるイメージがありますが、けずりかつおでとるだしは、5分とかかりません。まとめてとって、冷蔵庫や冷凍庫で保存しておくこともできます（保存期間は、冷蔵なら3日、冷凍なら2週間）。だしをとる時間がないときは、p.151のだしパックやだしの素を利用してもよいでしょう。

かつおのだし

1

1 湯を沸騰させ、けずりかつおを一度に入れる。再び沸騰したらすぐに火を止め、1～2分おく。

2

2 こし器でこす。茶碗蒸しや吸いものなど、かつおぶしが残ると気になるときは、こし器に厚手のペーパータオルを敷いてこす。

渋みやくさみが出るので、しぼらない。

濃いだしをとる場合

1 でけずりかつおを入れた後、少し火を弱め、アクをとりながら約2分煮出す。味の濃い煮ものに使うときに。

煮出して、濃いめのだしに。

かつおのだし

かつおぶしのだしは、いろいろな料理に使えます。かつおぶしのうま味成分「イノシン酸」は熱湯に入れると、すぐに湯に浸出します。ですから沸騰した湯に一気に入れ、再び沸騰したらすぐに火を止め、1～2分待ってこします。

かつおのだしの、かつおと水量のめやす
水400mℓ＋けずりかつおカップ1/2（4〜8g）

こんぶのだしの、こんぶと水量のめやす
水400mℓ＋こんぶ3cm（3g）

少量のだしをとるときは
少量パックのけずりかつお1gに熱湯50mℓをそそぐ。茶こしでこすと、大さじ2のだしがとれる。

こんぶのだし

1 乾いたふきんで、こんぶの表面のゴミをふく。ただし、白い粉はうま味成分なので、ふきとらないように。

2 鍋に水を入れて、こんぶを約30分つける。弱火にかける。

3 プツプツと泡が浮かび、沸騰直前になったら、こんぶをとり出す。煮立てると、ぬめりや色が出る。

こんぶのだし

こんぶのうま味成分は、「グルタミン酸」。水にゆっくりと溶け出すので、こんぶは、まず水に入れます。すぐに火にかけず、30分ほどつけておきましょう。また、煮立てると、こんぶが溶けて、ぬめりや色が出てくるので、沸騰直前にとり出します。

こんぶとかつおのだし

こんぶとかつおぶしの両方を使うと、「うま味の相乗効果」で、上等なだしがとれます。うま味が濃いので、だしのおいしさを味わう、すまし汁などに使うとよいでしょう。あえもの、煮ものなどにも使えます。とり方は、上記のように「こんぶのだし」をとったあと、けずりかつおを加え、「かつおのだし」のとり方1、2と同様にします。

だしをとる
煮干しのだし・だしパックなど

煮干しだしの、煮干しと水量のめやす
水 400mℓ＋煮干し 10 〜 15g

だしがらの自家製ふりかけ
だしをとったあとのけずりかつおは、耐熱皿に広げて電子レンジでまず約５分（500W）加熱し、ようすを見ながら時間をたして乾かす。ポリ袋に入れて手でもんで粉末状にし、いりごまなどを合わせる。

1　煮干しの頭と内臓は、とる。骨にそって身を２つにさく。

2　身の部分のみを使う。ただし、内臓がとりにくいほど小さい煮干しは、においも強くないのでそのまま使える。

3　水に30分ほどつける。中火にかけ、沸騰後２〜３分煮る。こし器でこす。途中浮いてくるアクはとる。

煮干しのだし

煮干しのだしは、味や香りが力強く、独特な風味とコクがあります。みそ汁や煮ものなど、しっかりとした味わいの料理に合います。

煮干しの頭にはうま味がなく、内臓にはにがみがあるので、だしをとるときは、とり除いてから使います。また、煮干しは酸化しやすいので、新鮮なものを求め、冷蔵庫か冷凍庫で保存して（頭と内臓をとり除いておくとよい）、早めに使います。

だしがらの扱い

はじめにとっただし（一番だし）のあとのけずりかつおとこんぶは、一番だしのときの約半量の水で２〜３分煮ると、「二番だし」として、煮ものやみそ汁に使えます。

また、けずりかつおは、乾燥させて自家製ふりかけ（上記）に、こんぶや煮干しは、つくだ煮や、煮ものの具にすれば、丸ごと食べきれます。

だしパック・だし粉

だしパックは、かつおや煮干しなどを粉末にして、パックに入れた市販品。味わいは異なりますが、前述の、けずりかつおやこんぶでとっただしの代わりに使えます。塩分が含まれているものもあるので、表示を確認しましょう。

だし粉は、かつおのふしなどを粉末状にしたもの。香りは少なく、すまし汁にはあまり向きません。

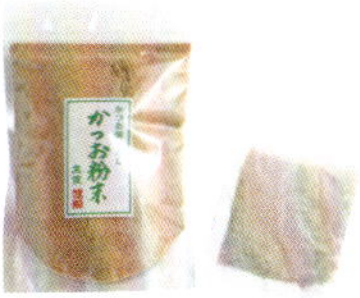
かつお粉末

だしパック（右）はさまざまな種類が市販されている。味や香りもそれぞれ。だし粉（左）は、みそ汁や煮ものなどに加えて使う。

だしパックでだしをとるときは、水の分量や煮出し時間は、表示に従う。

インスタントのだしの素

だしの風味を手軽に味わうために作られた商品です。塩やほかの調味料などが添加されていることが多いので、料理に使うときは、表示を確認して、味を見てから調味します。

インスタントのだしの素は顆粒状や液体状のものがある。湯で溶かしたり、煮汁に加えて使う。

だしの素を使うときは、塩分を考えて味つけして。

みそ汁を作る

みそ汁の、だしとみその割合のめやす
1人分／だし200mℓ＋みそ大さじ1/2〜3/4

鍋にだしを温め、具を煮る。野菜はやわらかくなるまで煮て、油揚げやとうふは、温める程度に。

みそはおたまやボールなどにとって、だしを適量入れて溶かし、鍋に入れる。煮立つ直前（煮えばな）に、火を止める。

椀によそい、できれば吸い口を散らす。吸い口は、汁に散らす薬味で、香り、彩り、季節感を添える。

みそ汁の具

春は「たけのこ」、冬は「だいこん」といったように、旬の食材を使うと、みそ汁に季節感が生まれます。さらに、色合いや香りが違うものを2種類以上組み合わせて入れると、味に深みが出ます。春のたけのこには、「新わかめ」、冬のだいこんには、コクを加える「油揚げ」など、旬の野菜をメインにして、合う具を考えてみましょう。

また、献立全体でたりない食材を加えても。万能ねぎやごまなど、吸い口を加えると、風味が増し、みそ汁の味もひきしまります。

みそ

ベターホームのレシピでは、くせのない「信州みそ」などの淡色みそを使っています。ですが、各地には、西京みそ（白みそ）、八丁みそ（豆みそ）、麦みそなど、さまざまなみそがありますので、好みのみそを使うのも、また楽しいものです。

季節の吸い口

（左上から）万能ねぎ、ねぎ、みょうが（夏）、ごま、七味とうがらし、ゆずの皮（冬）

秋　きのこのみそ汁

〈２人分〉しいたけ２個＋しめじ 50g
吸い口／七味とうがらし

春　たけのことわかめのみそ汁

〈２人分〉ゆでたけのこ 25 〜 30g ＋塩蔵わかめ5g

冬　だいこんと油揚げのみそ汁

〈２人分〉だいこん 50g ＋油揚げ 1/4 枚
吸い口／万能ねぎ

夏　オクラととうふのみそ汁

〈２人分〉オクラ１本＋とうふ 25g
吸い口／みょうが

季節を味わう

おやつや酒の肴にぴったり。旬の食材をシンプルに味わいましょう。

春

ゆでそら豆

① そら豆は、さやから実をとり出す。豆の爪（黒い部分）か、反対側の下のほうに5㎜深さの切り目を入れる。

② 湯を沸かして塩*を加え、豆を3〜4分ゆでる。ざるにとり、さます。

*湯300㎖に塩小さじ½がめやす。

新たまねぎのサラダ

① 新たまねぎは薄切りにする（からみが強いときは水に2〜3分さらして水気をきる）。

② 器に盛り、けずりかつおをのせる。しょうゆをかけて食べる。

旬の食材は、味が濃くておいしい、栄養価が高い、新鮮で価格が安い、とよいことずくめ。

夏

ゆで枝豆

① 枝豆は枝からさやを切り離す。水を少なめにはったボールの中で、手でもむようにして洗う。ざるにとる。

② ボールに入れて、塩*をふり、よくもみこむ。

*枝豆100gに塩小さじ⅓がめやす。

③ ②を塩つきのまま熱湯に入れ、ふたをしないで約5分ゆでる。ざるにとり、熱いうちに塩少々をふる。

ゆでとうもろこし

とうもろこしはひげを除き、皮を1枚残してむく。洗って、水気がついたままラップに包み、電子レンジで加熱する*。

*1本（200g）につき、4〜5分（500W）がめやす。途中で上下を返す。

季節を味わう

秋

ゆで栗

鍋にたっぷりの水と栗を入れ、ふたをして火にかけ、約30分ゆでる。

いりぎんなん

① 殻に割れ目を入れる（ペンチやキッチンばさみの中央を使うか、肉たたきなどでたたく）。

② 鍋にぎんなんを入れ、弱火〜中火で、鍋をゆすりながら3〜5分、香ばしくいる。塩少々をふる。

ほとんどの食材が年中
手に入る現代ですが、
やはり季節感は大切に
したいものですね。

冬

焼きいも

オーブン…いもはよく洗う。ぬれたままアルミホイルで包む。170℃（予熱不要・ガスは160℃）のオーブンで約90分焼く。

グリル…いもはオーブンと同様にし、魚焼きグリルの弱火で30～40分焼く（途中で2、3回上下を返す）。

※竹串を刺してスッと通ればよい。グリルは、細めのいも1、2本（200～400g）がめやす。

もちの磯辺焼き

① もちはオーブントースターで焼き色がつくまで焼く。

② 砂糖としょうゆを1対2で混ぜ合わせる。焼きもちをからめ、焼きのりを巻く。

索引

「主菜・副菜・汁もの・ごはんもの・甘味」、
また「おせち」で分類しています。
ご活用ください。

主菜

魚介類

肉類

副菜

野菜

あ・か

さ・た

な・は

ら・わ

魚介、海藻類

卵、豆類、その他

汁もの・鍋もの

ごはんもの・めん

甘味・おやつ

おせち

ベターホームのお料理教室

ベターホーム協会は1963年に創立。「心豊かな質の高い暮らし」をめざし、日本の家庭料理や暮らしの知恵を、生活者の視点から伝えています。活動の中心である「ベターホームのお料理教室」は、全国18か所で開催。毎日の食事作りに役立つ調理の知識や知恵、健康に暮らすための知識などをわかりやすく教えています。

資料請求のご案内

お料理教室の開講は、5月と11月。パンフレットをお送りします。
ホームページからもお申込みできます。
http://www.betterhome.jp

本部事務局	TEL 03-3407-0471	大阪事務局	TEL 06-6376-2601
名古屋事務局	TEL 052-973-1391	札幌事務局	TEL 011-222-3078
福岡事務局	TEL 092-714-2411	仙台教室	TEL 022-224-2228

料理研究 ● ベターホーム協会（越川藤乃・小西幸枝）
撮影 ● 柿崎真子
スタイリング ● 久保田朋子
デザイン ● 熊澤正人・末元朝子（Power House）
イラスト ● 近藤圭恵
校正 ● 武藤結子

ベターホームの かあさんの味
家族のために作りたい季節の和食

初版発行　2015年4月1日

編集／ベターホーム協会

〒150-8363
東京都渋谷区渋谷1-15-12
〈編集・お料理教室のお問い合わせ〉TEL 03-3407-0471
〈出版営業〉TEL 03-3407-4871
http://www.betterhome.jp

ISBN978-4-86586-000-9